MAGASIN THÉATRAL

PIÈCES NOUVELLES

JOUÉES SUR TOUS LES THÉATRES DE PARIS.

L'AVARE

COMÉDIE EN CINQ ACTES, EN VERS

PARIS
BARBRÉ, LIBRAIRE-ÉDITEUR
BOULEVARD SAINT-MARTIN, 12

1874

PIÈCES DE THÉATRE

A PEU DE PERSONNAGES, FACILES A JOUER EN SOCIÉTÉ

PIÈCES A UN SEUL PERSONNAGE.

	Hom.	Fem.
Chatterton mourant, dr. en vers.	1	»
La Dernière Nuit d'André Chénier, monologue en vers.	1	»
Jeanne d'Arc en prison, monologue en vers.		1
La Lanterne de Diogène, monologue en vers.	1	»
La Mort de Gilbert, monologue en vers.	1	»
Vision du Tasse, monologue.	1	»

PIÈCES A DEUX PERSONNAGES.

	Hom.	Fem.
La Chute des feuilles, proverbe.	1	1
La Circassienne, comédie.	1	1
La Croix d'acier, drame.	1	1
En pénitence, comédie-vaudevile.	1	1
Gloire et Perruque, vaudeville.	1	1
L'Homme heureux, com.-vaud.	1	1
Jean le sot, saynette.	1	1
Le Rubans d'Yvonne, comédie.	1	1
Sous le paillasson, vaudeville.	1	1
Le Travestissement, opéra comi.	1	1
Un Bas bleu, vaudeville.	1	1
Un Jour d'orage, comédie.	1	1
Un Roman intime, comédie.	1	1
Vadé au cabaret, saynette.	2	»

PIÈCES A TROIS PERSONNAGES.

	Hom.	Fem.
Les Amoureux pris par les pieds, vaudeville.	2	1
Angelina, comédie-vaudeville.	2	1
Astaroth, opéra comique.	2	1
Le Baiser de l'étrier, vaudeville.	2	1
La Bride sur le cou, vaudeville.	2	1
Calixte, comédie-vaudeville.	2	1
Chappelle et Boileau, anecdocte.	2	1
La coiffure de Cassandre, opér.	2	1
Colombe et Pinson, vaudevillle.	2	1
Le Diable amoureux, com.-vaud.	2	1
Entre deux Tisons, vaudeville.	2	1
Femme à vendre, opéra-bouffe.	3	1
La Fiole de Cagliostro, vaud.	2	1
Jean le sot, saynette.	2	1
Karel Dujardin, comédie.	2	1
Monsieur, vaudeville.	1	2
Pilbox et Friquet, à propos.	2	1
Pincé au demi-cercle, vaudeville.	2	1
Point du jour, vaud. 1 acte.	1	2
Quand on va cueillir la noisette, vaudeville.	2	1
Qui se rassemble se gêne, c.-v.	2	1
Le Salon d'Attente, comédie.	2	1
Sans papa, sans maman, com.	1	2
Le Sire de Barbe-bleue, opérette.	2	1
Les Trois Cerfs-volants, vaud.	2	1
Trois Dragons, opérette.	2	1
Les Trois Péchés du diable, vaud.	1	2
Le Tuyau de poêle, vaudeville	2	1
Une Allumette entre deux feux, vaudeville.	1	2
Une Devinette, opérette.	2	1
Une mauvaise nuit est bientôt passée, proverbe.	1	2
Une Paille dans l'œil, opérette.	2	1
Une vie de polichinelle, vaud.	2	1
Les Vieilles Amours, vaudeville.	2	1
Les voilà bien tous, vaudeville.	1	2

PIÈCES A QUATRE PERSONNAGES.

	Hom.	Fem.
A bon Chat bon Rat, v. en 1 act.	2	2
Apothicaire et Perruquier, op.	3	1
Auberge de Schawasbach, d. 1 a	2	2
L' bout du monde, com.-vaud	2	2
Au printemps, fantaisie en vers.	2	2
L'Automate de Vaucanson, op.-c	3	1
L'Avenue des soupirs, vaud.	3	1
Le Baiser par la fenêtre, vaud.	3	1
La Belle-Amélie, comédie-vaud.	3	1
Le bon Garçon, opéra comique.	2	2
Brelan de troupiers, vaudeville	2	2
La Chambre verte, comédie, 2 a.	2	2
La Cinquantaine, comédie-vaud.	2	2
Clémentine, com.-vaud.	2	2
Le Commis et la grisette v.	2	2
La Corde sensible, vaud.	2	2
La Dame aux trois maris, v.	3	1
Dame et Grisette, com.-vaud.	2	2
Dans les nuages, com.-vaud.	3	1
Les Deux Anges gardiens, c.-v.	3	1
Deux Femmes contre un Homme, comédie-vaudeville.	2	2
Le Discours de rentrée, c.-v.	3	1
La Dot d'Auvergne, vaudeville.	2	2
Le Doute et la Croyance, drame en vers.	3	1
L'Élève de Presbourg, op. comi.	[illegible]	1
Les Enragés, vaudeville.	2	[illegible]
Le Fils du Bravo, com.-vaud.	[illegible]	[illegible]

L'AVARE

COMÉDIE EN CINQ ACTES DE MOLIÈRE

MISE EN VERS PAR KRISTIEN OSTROWSKI

Représentée pour la première fois, à Paris, sur le Théâtre de la Porte-Saint-Martin, le dimanche 11 janvier 1874 aux matinées littéraires de M. Ballande.

PERSONNAGES

HARPAGON, père de Cléante et d'Élise, amoureux de Mariane.
ANSELME, père de Valère et de Mariane.
CLÉANTE, fils d'Harpagon, amoureux de Mariane.
VALÈRE, fils d'Anselme, amant d'Élise.
UN COMMISSAIRE.
MAITRE SIMON, courtier.
MAITRE JACQUES, cuisinier et cocher d'Harpagon.
LA FLÈCHE, valet de Cléante.
BRINDAVOINE, LAMERLUCHE, valets d'Harpagon.
ÉLISE, fille d'Harpagon.
MARIANE, fille d'Anselme.
FROSINE, femme d'intrigues.
DAME CLAUDE, servante d'Harpagon (personnage muet).

La scène est à Paris, dans la maison d'Harpagon.

ACTE PREMIER

Le théâtre représente une salle garnie de sièges et d'une table du côté droit.

SCÈNE PREMIÈRE

ÉLISE, VALÈRE.

VALÈRE.

Hé quoi! charmante Élise, au bonheur qui nous lie,
Devez-vous opposer votre mélancolie?
Après tous les serments, tous les gages d'amour
Que de votre bonté je reçois chaque jour,
Je vous vois soupirer au milieu de ma joie;
D'un si prompt changement que faut-il que je croie?
Auriez-vous le regret de m'avoir fait heureux,
Et vous repentez-vous du succès de mes feux?

ÉLISE.

Non, Valère, jamais vous n'aurez à vous plaindre
De ce fidèle amour qui ne doit plus s'éteindre;
Je ne regrette pas ce que je fais pour vous,
Je m'y sens entraîner par un pouvoir trop doux.

Mais, à vous dire vrai, le succès m'embarrasse ;
Pour mon cœur, malgré moi, je crains quelque dis-
Je crains de vous aimer plus que je ne devrais. [grâce,

VALÈRE.

Eh ! que pouvez-vous craindre et quels sont vos re-

ÉLISE. [grets?

Cent choses à la fois ! l'emportement d'un père,
Les censures du monde, et plus que tout, Valère,
D'un cœur trop enflammé le changement soudain ;
Cette froideur cruelle et même ce dédain
Dont je vois, trop souvent, votre sexe volage
Payer de notre amour l'innocent témoignage.

VALÈRE.

Ah ! vous me faites tort, Élise, en vérité,
Si vous jugez ainsi de ma sincérité !
Soupçonnez-moi de tout plutôt que de parjure !
Non, je vous aime trop pour cela, je vous jure :
La mort seule éteindra nos sincères amours.

ÉLISE.

Ah ! Valère, chacun tient les mêmes discours ;
C'est par leurs actions que diffèrent les hommes.

VALÈRE.

Puisque nos actions font voir ce que nous sommes,
Attendez-les au moins à juger de mon cœur,
Et ne m'accablez pas d'une injuste rigueur ;
Ne m'assassinez point, en tenant ce langage,
Par les sensibles coups d'un soupçon qui m'outrage ;
Laissez-moi vous prouver, avec un soin jaloux,
L'honnêteté des feux que je ressens pour vous.

ÉLISE.

Qu'avec facilité le cœur croit ce qu'il aime !
J'éprouve, à vous entendre, une douceur extrême.
Oui, Valère, je tiens vos aveux sans détour ;
Je crois que vous m'aimez d'un véritable amour.
Mon chagrin se réserve à la crainte du blâme
Qu'on pourra me donner.

VALÈRE.

Et pourquoi donc, madame ?

ÉLISE.

Je n'aurais rien à craindre et bénirais mon choix,
Si chacun vous voyait des yeux dont je vous vois ;
Et mon cœur prévenu trouve en votre personne
De quoi justifier tout l'amour qu'il vous donne ;
Ce cœur, pour son appui contre les vains discours,
De la reconnaissance emprunte le secours.
Je n'oublirai jamais quel péril fut le vôtre,
Le jour qui nous offrit aux regards l'un de l'autre;
Cet élan qui vous fit, généreux étranger,
Exposer votre vie au plus grave danger,
Pour dérober la mienne à la fureur des ondes.
Puis, signes évidents des tendresses profondes,
Les gages assidus de cet ardent amour
Que vous fîtes dès lors éclater chaque jour ;
*Que n'ont pas rebuté le temps, et les obstacles,
Dont la douce magie enfante des miracles ;
Qui vous fait négliger et patrie et parents
Parmi des envieux ou des indifférents : *
Et qui, pour m'obtenir d'un père despotique,
Vous fit solliciter l'emploi de domestique.
Tout cela fait sans doute un merveilleux effet
Pour absoudre, à mes yeux, votre amour satisfait ;
Mais ce n'est pas assez d'être absous par les nôtres,
Pour le justifier de même à tous les autres :
Voilà pourquoi je crains...

VALÈRE.

D'après ce que j'entends,
Ce n'est que par mon seul amour que je prétends,
Élise, auprès de vous, mériter quelque chose.
Quant aux scrupules vains que l'honneur vous op-
[pose,
Votre père, Harpagon, ne prend que trop de soin
De vous justifier, s'il en était besoin.
Son excès d'avarice et la manière austère
Dont ce vieillard bourru, déplaisant, volontaire,
Vit avec ses enfants, deux êtres si charmants,
Pourraient autoriser de plus durs traitements.
Pardonnez-moi ce zèle, aimable et chère Élise,
D'en parler devant vous avec cette franchise ;
Vous savez qu'en prenant ce sujet d'entretien
On n'en peut, après tout, dire beaucoup de bien ;
Mais enfin, si je puis, ainsi que je l'espère,
Retrouver quelque jour mes parents et mon père,
Vos attraits n'auront pas de peine à le toucher,
Au bout de l'univers dussé-je le chercher !

ÉLISE.

Ne bougez, je vous prie, et songez, cher Valère,
A vous bien mettre au moins dans l'esprit de mon

VALÈRE. [père.

Vous voyez que j'y songe et comme je m'y prends,
Pour masquer ma conduite à ses yeux pénétrants.
Vous savez quels détours, quel adroit artifice
J'ai dû mettre en usage, en offrant mon service,
Pour tâcher d'acquérir ses sentiments secrets.
Déjà, dans son esprit, j'ai fait d'heureux progrès ;
Car, pour gagner les gens, il n'est meilleure voie
Que d'user avec eux du moyen que j'emploie ;
Feindre de partager leurs inclinations,
Encenser leurs défauts, flatter leurs passions,
Applaudir ce qu'ils font, narguer la médisance,
Sans jamais avoir peur d'outrer la complaisance :
Voilà par quel prestige on leur fait accepter
Tous les contes en l'air qu'il vous plaît d'inventer.
* Hélas ! vous le savez : le beau ciel d'Italie
M'a vu naître et grandir ; mais près de vous j'oublie
Mes souvenirs d'enfance et les biens les plus doux ;
Ma patrie à présent, c'est la France, c'est vous !
Il est vrai que parfois j'aurais lieu de me plaindre
De ce servage amer qui m'ordonne de feindre,
Mais qu'importe ! il n'est point, je le dis sans détour,
D'assez grand sacrifice, au prix de votre amour. *
La sincérité nuit au pays où nous sommes ;
Et quand, pour son malheur, on a besoin des hom-
Si ce n'est qu'en flattant que l'on est écouté, [mes,
La faute est à celui qui veut être flatté.

ÉLISE.

Mais que ne tâchez-vous à nous gagner Cléante,
Si nos secrets étaient trahis par la servante ?

VALÈRE.

On ne peut ménager l'un et l'autre, ma foi ;
Or, le père et le fils sont tous deux, selon moi,
Si contraires d'esprit, et de corps ce me semble,
Qu'il serait dangereux de s'y fier ensemble.
Mais vous, de votre part, par des aveux discrets,
Tâchez à le jeter dans tous nos intérêts.
Je me retire.. il vient !... Surtout, de la prudence !

ÉLISE.

Comment le préparer à cette confidence ?

(Valère sort.)

SCÈNE II

CLEANTE, ÉLISE.

CLÉANTE.

Je suis ravi de vous trouver seule, ma sœur;
Je brûlais de vous voir, de vous ouvrir mon cœur.

ÉLISE.

Me voilà prête à vous servir de confidente;
Qu'avez-vous à me dire?

CLÉANTE.

Élise!

ÉLISE.

Eh bien! Cléante?

CLÉANTE.

Cent choses dans un mot: J'aime!

ÉLISE.

O ciel! vous aimez?

CLÉANTE.

Oui, j'aime! et d'un regard nos deux cœurs enflam-
[més...
Mais avant que d'aller plus loin dans cette affaire,
Je sais que je dépends des volontés d'un père;
Que nous ne devons point engager notre amour,
Sans l'agrément de ceux dont nous tenons le jour;
Qu'il nous faut plutôt croire à leur vieille prudence,
Qu'aux aveugles conseils de notre indépendance:
Et que l'enivrement de nos jeunes transports
Trop souvent nous entraîne au comble des re-
[mords!
Je vous dis tout cela dans l'ardeur qui m'inspire,
Pour vous mieux épargner la peine de le dire;
Car enfin, cet amour ne veut rien écouter,
Et je viens vous prier de ne pas l'irriter!

ÉLISE.

Avez-vous échangé, mon frère, une parole?
Ou n'est-ce qu'une idée, un caprice frivole?

CLÉANTE.

Un caprice? non, non! j'y suis bien résolu;
Ne m'en détournez pas, ce serais superflu.

ÉLISE.

Suis-je à ce point, mon frère, une étrange personne?

CLÉANTE.

Non, mais vous n'aimez pas, et l'amour vous
[étonne,
L'amour, ce feu divin, qui pénètre mon cœur;
Et de votre sagesse on connait la rigueur!

ÉLISE.

Hélas! ne parlons point si haut de ma sagesse;
On en manque une fois au moins dans sa jeunesse;
Et si je vous ouvrais ma pensée, entre nous,
Je serais à vos yeux bien moins sage que vous.

CLÉANTE.

Plût au ciel que votre âme eût, ainsi que la nôtre...

ÉLISE.

Finissons une affaire avant d'entamer l'autre;
Et me dites quel est l'objet d'un si beau feu.

CLÉANTE.

Une jeune personne, habitant depuis peu
En ces quartiers; chez qui tant d'attraits se dé-
[ploient,
Qu'elle se fait chérir de tous ceux qui la voient.
La nature, ma sœur, n'a jamais rien formé
De plus parfait, d'objet plus digne d'être aimé;
Du jour que je la vis, sa beauté qui m'enflamme
M'a saisi, transporté jusques au fond de l'âme.
Mariane est son nom; elle vit sous les yeux
D'une mère un peu vieille, étrangère en ces lieux,
Très-souffrante, et pour qui cette adorable fille
A des soins!... Mariane est toute sa famille!
Elle la sert, la garde avec une amitié
Qui m'a touché le cœur d'une tendre pitié!
Elle se prend d'un air le plus charmant du monde
Aux choses qu'elle fait: et tant de grâce abonde
En tous ses mouvements, tant d'aimable douceur,
Tant d'attraits, de bonté, que vous-même... ah!
Si vous pouviez la voir!... [ma sœur,

ÉLISE.

J'en vois beaucoup, sans
Et je prends intérêt aux choses que j'écoute; [doute,
Mais pour la bien connaître et savoir ce qu'elle est,
Votre amour me suffit: Mariane me plaît!

CLÉANTE.

J'ai découvert, sous main, que nos deux protégées
Par l'aveugle fortune étaient mal partagées;
Leur discrète conduite aisément m'a fait voir
Le mince revenu qu'elles peuvent avoir.
Figurez-vous, ma sœur, quel plaisir ce peut être,
De servir ce qu'on aime avec tout son bien-être;
De donner en secret quelques petits secours
A ceux de qui dépend le bonheur de nos jours:
Concevez quel chagrin ce doit m'être, au con-
[traire,
De voir qu'à tout propos l'avarice d'un père
M'empêche de goûter ce plaisir enchanteur,
Et de faire à ses yeux éclater mon ardeur!

ÉLISE.

Ce chagrin des amants est l'éternelle histoire.

CLÉANTE.

Ma sœur, il est plus grand qu'on ne saurait le
croire!
Car enfin, peut-on voir, sans un juste courroux,
Ces cruelles rigueurs qu'on exerce sur nous;
Cette épargne odieuse et cette sécheresse
Où l'on nous fait languir au sein de la richesse!
Eh! que nous servira d'avoir un peu de bien,
Si dans notre bel âge il ne profite à rien;
S'il ne doit nous échoir qu'au terme de la vie,
Alors que d'en jouir nous n'aurons plus l'envie!
Si, voulant satisfaire aux plus simples penchants,
Nous devons acheter le secours des marchands,
Et recourir sans cesse à leurs mains charitables
Pour porter seulement des habits présentables!
J'ai voulu vous parler, pour m'aider à sonder
Ce qu'en dira mon père et pour me seconder;
Mais si, l'ayant appris, je l'y trouve contraire,
A cette oppression je saurai me soustraire:
Et je suis résolu d'aller en d'autres lieux,
Confier nos destins à la grâce des cieux.
Pour hâter ce voyage, et que rien ne l'empêche,
Je fais chercher partout de l'argent par la Flèche
(C'est mon valet de pied); et si rien, chère sœur,
De ce père obstiné n'adoucit la rigueur,
Si votre âme est toujours forte, comme la mienne,
Nous le quitterons là, tous deux, quoi qu'il ad-
[vienne:
Et la fuite, à l'instant, saura nous affranchir
De son joug odieux, que rien n'a pu fléchir.

ÉLISE.

Il est vrai qu'il nous rend la vie assez amère,
Qu'il nous contraint sans cesse à pleurer notre
Et que... [mère,

CLÉANTE.

J'entends sa voix ! éloignons-nous un peu,
Pour en causer à l'aise et cacher notre jeu.
Nous reviendrons après et nous joindrons nos forces
Pour faire agir sur lui de plus sûres amorces.
(Ils sortent tous deux.)

SCÈNE III

LA FLÈCHE, HARPAGON.

Harpagon entre en tenant la Flèche par le collet, et le pousse rudement sur la scène.

HARPAGON.

Hors d'ici, tout à l'heure, et cherche un autre
Allons vite, que l'on détale de chez moi ! [emploi !
Maître juré filou ! vrai gibier de potence !

LA FLÈCHE, *à part.*

Je n'ai jamais rien vu de si méchant ; je pense
Que, sauf correction, il a le diable au corps.

HARPAGON.

Quoi, traître !

LA FLÈCHE.

Qu'ai-je fait pour me mettre dehors ?

HARPAGON.

Tu m'as fait que je veux que tu sortes !

LA FLÈCHE.

Quel homme !
Pourquoi me chassez-vous ?

HARPAGON.

Sors vite, ou je t'assomme ;
C'est bien à toi, pendard, à demander raison !

LA FLÈCHE.

Mais j'attends votre fils, mon maître, à la maison.

HARPAGON.

Attends-le dans la rue et non à cette place,
Planté comme un piquet, à voir ce qui se passe,
Et faire ton profit de tout. Qu'ai-je besoin
D'un espion, d'un traître, et dont l'unique soin
Est de fourrer partout son museau qui m'obsède,
De dévorer des yeux tout ce que je possède ;
Dont les regards maudits ne cessent de rouler
De tous côtés, pour voir s'il n'est rien à voler.

LA FLÈCHE.

Comment diantre, monsieur, voulez-vous qu'on
[vous vole ?
Êtes-vous donc volable ? Où trouver une obole ?
Lorsque vous renfermez toutes choses sans bruit,
Et faites sentinelle à l'entour, jour et nuit !

HARPAGON.

Je prétends renfermer tout ce que bon me semble,
Et faire sentinelle à loisir.
(A part.)
Mais je tremble
Qu'il n'ait vu mon trésor.
(Haut.)
N'aurais-tu pas lâché
De faux bruits, que chez moi j'ai de l'argent caché ?

LA FLÈCHE.

Vous avez de l'argent caché ?

HARPAGON.

Non pas !
(Bas.)
J'enrage !
(Haut.)
Je ne dis pas cela ! de l'argent ! quel outrage !
Je te demande si, malicieusement,
Tu n'as pas fait courir que j'en ai ?

LA FLÈCHE.

Non, vraiment !
Que nous importe à nous qu'un maître ait quelque
[somme,
Ou qu'il ne soit qu'un gueux, si pour nous c'est tout
[comme ?

HARPAGON, *levant la main pour donner un soufflet à la Flèche.*

Tu fais le raisonneur ! Sors, encore une fois !
Ou je te frotterai les oreilles, sournois !

LA FLÈCHE.

Et mes gages, monsieur ?

HARPAGON.

Puisque je te renvoie !

LA FLÈCHE.

Eh bien, je sors.

HARPAGON.

Attends ! viens çà, que je te voie.
Tourne un peu... c'est assez ! Ne m'emportes-tu
[rien ?

LA FLÈCHE.

Que vous emporterais-je ?

HARPAGON.

Approche ici, vaurien !

LA FLÈCHE.

Tels maîtres, tels valets ; leurs vertus sont les nôtres.

HARPAGON.

Çà, montre-moi tes mains.

LA FLÈCHE.

Les voilà !

HARPAGON.

Bien ! les autres ?

LA FLÈCHE.

Les autres ?

HARPAGON.

Oui !

LA FLÈCHE, *retournant ses mains.*

Voilà !

HARPAGON, *montrant le haut-de-chausses de la Flèche.*

N'as-tu rien là-dedans ?

LA FLÈCHE.

Voyez partout.

HARPAGON.

Ces grands hauts-de-chausses pendants
Sont bons à recéler les choses qu'on dérobe ;
Tu vas me déposer toute ta garde-robe !

LA FLÈCHE, *à part.*

Ah ! qu'il mériterait ce qu'il craint, par ma foi ;
Et que j'aurais de joie à le voler !

HARPAGON.

Euh ?

LA FLÈCHE.

Quoi ?

HARPAGON.

Que parles-tu tout bas de voler ? mauvais drôle !

LA FLÈCHE.

Je dis, fouillez-moi bien, pour voir si je vous vole.

HARPAGON, *le dépouillant peu à peu.*

C'est ce que je ferai.

LA FLÈCHE.

Fourrez partout vos yeux !
Au diantre l'avarice et l'avaricieux !

HARPAGON.

Tu dis ?

LA FLÈCHE.

Ce que je dis ?

HARPAGON.

Que dis-tu d'avarice

Et d'avaricieux?

LA FLÈCHE.

Je dis que c'est un vice.

HARPAGON.

Après?

LA FLÈCHE.

Le diantre soit de ce vice odieux!

HARPAGON.

De qui veux-tu parler?

LA FLÈCHE.

Des avaricieux.

HARPAGON.

Qui sont-ils?

LA FLÈCHE.

Des vilains et des ladres.

HARPAGON.

Sottises!

LA FLÈCHE.

De quoi vous mêlez-vous?

HARPAGON.

Je veux que tu me dises
A qui tu parles!

LA FLÈCHE.

Moi? je parle à mon chapeau.

HARPAGON.

Et moi, je pourrais bien parler à ton museau!

LA FLÈCHE.

Voulez-vous m'empêcher, monsieur, de les mau- [dire?

HARPAGON.

Non; mais je te défends de jaser et d'en rire!

LA FLÈCHE.

Je ne nomme personne.

HARPAGON.

Ah! je te rosserai
Si tu parles!

LA FLÈCHE.

Alors, ce que je dis est vrai.

HARPAGON.

Encore?

LA FLÈCHE.

Qui se sent le nez morveux, se mouche!

HARPAGON.

Te tairas-tu?

LA FLÈCHE

Pardieu! vous me fermez la bouche.

HARPAGON.

Ah!

LA FLÈCHE, *montrant à Harpagon une poche de son justaucorps.*

Cette poche encor. Suis-je quitte à ce prix?

HARPAGON.

Rends-le, sans te fouiller.

LA FLÈCHE.

Quoi?

HARPAGON.

Ce que tu m'as pris.

LA FLÈCHE.

Je ne vous ai rien pris; ce serait incroyable.

HARPAGON.

Assurément?

LA FLÈCHE.

Sur mon honneur.

HARPAGON.

Va-t'en au diable!

LA FLÈCHE.

Adieu, monsieur.
(*A part, en s'en allant.*)
Très-bien! me voilà renvoyé!

HARPAGON.

Je le mets sur ton âme, au moins...

SCÈNE IV

HARPAGON, *seul.*

Congédié!
Ce chien de boiteux-là, qui volait son salaire,
Eut toujours le talent de me mettre en colère.
Certes, il faut avoir un soin bien diligent [gent;
Quand on garde chez soi quelque somme d'ar-
Et bien heureux celui qui, certain de sa rente,
Ne conserve au logis que la somme courante;
Qui n'a point à chercher dans toute sa maison
Une cache à l'abri de quelque trahison;
Pour moi, les coffres-forts, si bien que l'on y veille,
Pour garder les écus, n'ont jamais fait merveille:
Je les tiens justement une amorce à voleurs,
Et les trésors cachés sont pour eux les meilleurs.

SCÈNE V

HARPAGON, ÉLISE et CLÉANTE, *parlant ensemble et restant au fond du théâtre.*

HARPAGON, *se croyant seul.*

Cependant, je ne sais si je suis excusable
D'avoir, dans mon jardin, enfoui sous le sable
Dix mille écus en or qu'on me rendit hier;
Il ne faudrait pas trop en tout cas m'y fier!
Dix mille écus en or, chez soi, c'est une somme
Assez... (*Apercevant Élise et Cléante*). [homme!
O ciel! quelqu'un! Peste soit du jeune
En raisonnant tout seul, j'aurai parlé tout haut,
Et me serai trahi moi-même, comme un sot.
(*A Cléante et Élise.*)
Qu'est-ce?*

CLÉANTE.

Rien!

HARPAGON.

Depuis quand, es-tu là?

CLÉANTE.

Que je meure
Si tous deux...

ÉLISE.

Nous venons d'arriver tout à l'heure.

HARPAGON.

Vous avez entendu?

CLÉANTE.

Quoi, mon père?

HARPAGON.

Là!...

ÉLISE.

Quoi?

HARPAGON.

Ce que je disais?

CLÉANTE.

Non.

HARPAGON.

Si fait!

ÉLISE.

Pardonnez-moi.

* Élise, Harpagon, Cléante.

HARPAGON.
N'importe ! je disais que l'argent qu'on dépense
En ce temps difficile est plus cher qu'on ne
[pense;
Et qu'il est bien heureux, ajoutais-je, à part moi,
Celui qui peut avoir dix mille écus chez soi.

CLÉANTE.
Nous craignions d'approcher de peur de vous

HARPAGON. [surprendre.
Au fait, je ne suis pas fâché de vous l'apprendre,
Afin que vous soyez pleinement convaincus
Que je ne possédai jamais dix mille écus.

CLÉANTE.
Je vous crois.

HARPAGON.
Ce serait une excellente affaire !

ÉLISE.
Sans doute.

HARPAGON
J'en aurais bon besoin.

CLÉANTE.
Vous, mon

HARPAGON. [père ?
Je ne me plaindrais pas toujours, comme je fais,
Que l'argent est fort rare et les temps fort mauvais.

CLÉANTE.
Mon Dieu ! vous n'avez pas tant besoin de vous
[plaindre ;
Et l'on sait, entre nous, pour vous parler sans
Que vous avez du bien. [feindre,

HARPAGON.
Comment? que j'ai du bien?
Ils en ont tous menti ! Sachez qu'il n'en est rien;
Et ce sont des coquins qui disent le contraire.

ÉLISE.
Ne vous emportez point ! Soyez sage, mon frère.

HARPAGON.
Ils me trahissent tous ! Se peut-il que mon fils
Conspire ouvertement avec mes ennemis ?

CLÉANTE.
Est-ce donc être votre ennemi que de dire
Que vous avez...

HARPAGON.
Silence ! Il me met au martyre !
Vos dépenses sans frein et de pareils discours,
Fils imprudent, seront cause qu'un de ces jours
On viendra m'égorger chez moi, sur vos paroles,
En pensant que je suis tout cousu de pistoles.

CLÉANTE.
Quelle grande dépense est-ce que l'on vous fait?

HARPAGON.
Vous l'oser demander ! Quelle ? Est-il, en effet,
Rien de plus scandaleux que ce luxe inutile
Que vous et votre sœur promenez par la ville ?
Je la grondais hier; mais vous, c'est encor pis.
Voilà qui crie au ciel vengeance ! Oui, vous, mon
[fils,
A vous prendre depuis les pieds jusqu'à la tête,
On aurait de quoi faire une rente complète.
Je vous l'ai dit vingt fois ; vos façons de marquis
Dissipent tout l'avoir que mes soins ont acquis :
Vous tranchez grandement du seigneur, tête folle !
Et, pour aller ainsi, traître, il faut qu'on me vole !

CLÉANTE.
Et comment vous voler ?

HARPAGON.
Mon Dieu ! que sais-je,
Où prenez-vous l'état que vous portez ? [moi ?

CLÉANTE.
Ma foi,
C'est que je joue; et quand le bonheur m'accom-
[pagne,
Je mets sur moi tout l'or et l'argent que je gagne.

HARPAGON.
C'est fort mal fait ! Si vous êtes heureux au jeu,
Vous devez, pour plus tard, en réserver un peu ;
Et mettre à bon profit l'argent que Dieu vous
Afin de le trouver au jour de la retraite. [prête,
Je voudrais bien savoir à quoi servent ces nœuds
Dont vous voilà lardé des talons aux cheveux ?
Quel besoin d'employer l'argent à des perruques
Quand ceux de votre crû couvrent assez vos nu-
[ques,
Et ne vous coûtent rien? Pardieu ! jeune insensé,
Je gage qu'en chiffons vous avez dépensé
Vingt pistoles au moins : et par an, vingt pistoles *
Donnent dix-huit tournois, huit deniers, six
Et rien qu'au denier douze. [oboles,

CLÉANTE
Eh ! vous avez raison !

HARPAGON.
Parlons d'une autre affaire après cette oraison.
(Apercevant Élise et Cléante qui se font des signes.)
Quels sont ces gestes-là? Je crois qu'ils se font
De me voler ma bourse. [signe

ÉLISE.
Allons, je me résigne...
Nous marchandons lequel, de mon frère ou de
Parlera le premier... [moi,

CLÉANTE, *bas à Élise.*
Commence donc !

ÉLISE, *bas à Cléante.*
Tais-toi.
(Haut).
Et nous avons tous deux quelque chose à vous

HARPAGON. [dire.
Vous parler est aussi tout ce que je désire.

CLÉANTE.
J'avais, d'un mariage, à vous parler ici.

HARPAGON.
Et je veux vous parler de mariage aussi.

ÉLISE.
Ah ! mon père !

HARPAGON, *à part.*
(Haut.) Ceci me paraît un peu louche.
Est-ce la chose ou bien le mot qui t'effarouche ?

CLÉANTE.
C'est selon ! Tous les deux nous font peur à la
[fois,
Si notre cœur n'est point conforme à votre choix.

HARPAGON.
Un peu de patience. Eh ! qu'avez-vous à craindre?
Vous n'aurez l'un ni l'autre aucun lieu de vous
[plaindre
De ce que je prétends faire ; et, pour commencer
Par un bout, avez-vous, dites-moi, vu passer
Une jeune beauté du nom de Mariane,
Qui loge près d'ici ?

CLÉANTE, *à part.*
C'est elle ! Dieu me damne !

* La pistole valait 11 livres en 1668.

HARPAGON.

Plait-il ? vous l'avez vue ?

CLÉANTE.

Oui, mon père.

HARPAGON, *à Élise.*

Et vous ?

ÉLISE.

Oui.

HARPAGON.

Comment la trouvez-vous ?

CLÉANTE.

Un lis épanoui.

HARPAGON.

Sa physionomie ?

CLÉANTE.

Est tout honnête.

HARPAGON.

Écoute ;

Son air et sa manière ?

CLÉANTE.

Admirables, sans doute !

HARPAGON.

Croyez-vous qu'une fille aussi riche d'appas
Mérite qu'on y songe ?

CLÉANTE.

Oui, certes.

HARPAGON.

N'est-ce pas ?

Que ce serait en somme un parti souhaitable ?

CLÉANTE.

Très-souhaitable !

HARPAGON.

Et puis, une taille...

CLÉANTE.

Adorable !

HARPAGON.

Un vrai trésor. Je crains une difficulté :
C'est de n'y point trouver tout le bien souhaité.

CLÉANTE.

Ah ! mon père, le bien aisément s'abandonne,
Lorsqu'il est question d'une honnête personne.

HARPAGON.

Pardonnez-moi. La dot avant tout doit frapper ;
Pourtant, sur autre chose on peut se rattraper.

CLÉANTE.

Cela s'entend !

HARPAGON.

Enfin, je suis vraiment bien aise ;
Que, par ses qualités, Mariane vous plaise,
Car je veux l'épouser.

CLÉANTE.

L'épouser !

HARPAGON.

Du moment
Que j'y trouve à toucher quelque chose...

CLÉANTE.

Euh !

HARPAGON.

Comment ?

CLÉANTE.

Vous êtes résolu...

HARPAGON.

D'épouser Mariane.

CLÉANTE.

Qui ? vous, vous ?

HARPAGON.

Oui ! moi, moi ! Quelle sotte chicane ?

CLÉANTE.

Il m'a pris tout à coup un éblouissement...

HARPAGON.

Cela ne sera rien. Allez donc promptement
Boire dans la cuisine un grand verre d'eau claire,
Et venez me parler tout à l'heure...

CLÉANTE, *en sortant.*

Oui, mon père.

SCÈNE VI

ÉLISE, HARPAGON.

HARPAGON.

Ces damoiseaux flouets n'ont pas plus de vigueur
Que des poules. Voilà pour les soins de mon [cœur ;
J'ai résolu l'affaire et j'en ferai l'épreuve.
Pour ton frère, il s'agit d'une certaine veuve
De ma main ; et, pour toi, je t'offre pour époux
Le bon seigneur Anselme.

ÉLISE.

Anselme, dites-vous ?

HARPAGON.

Lui-même ; un homme mûr, rangé, prudent et [sage ;
C'est une affaire d'or, à cueillir au passage :
Un homme... un homme enfin, de cinquante ans [au plus,
Dont on vante beaucoup les biens et les vertus.

ÉLISE, *faisant la révérence.*

Je ne veux point, mon père, entrer dans sa fa- [mille,
S'il vous plaît.

HARPAGON, *contrefaisant Élise.*

Et je veux vous marier, ma fille,
S'il vous plaît.

ÉLISE, *faisant encore la révérence.*

Je refuse et je suis, s'il vous plaît,
Sa très-humble servante.

HARPAGON, *contrefaisant Élise.*

Et moi, votre valet ;
Mais vous l'épouserez, et dès ce soir encore.

ÉLISE.

Dès ce soir ?

HARPAGON.

Dès ce soir. Voyez-vous la pécore ?

ÉLISE, *faisant la révérence.*

Moi, je vous dis que non.

HARPAGON, *contrefaisant Élise.*

Moi, je vous dis que si.

ÉLISE.

Cela ne sera pas, mon père, Dieu merci !

HARPAGON.

Cela sera.

ÉLISE.

Non !

HARPAGON.

Si !

ÉLISE.

Non, vraiment !

HARPAGON.

Si, vous dis-je !

ÉLISE.

Mon honneur le défend.

HARPAGON.

Mon intérêt l'exige !

ÉLISE.

Je me tûrai plutôt que d'accepter son bras !

HARPAGON.

Tu ne te tûras point, et tu l'épouseras.
Une fille parler de la sorte à son père?

ÉLISE.

On ne peut m'épouser contre mon gré, j'espère.

HARPAGON.

Gageons que tout le monde approuvera mon [choix.

ÉLISE.

D'aucun homme sensé vous n'obtiendrez la voix.

HARPAGON.

C'est ce que nous allons savoir.

SCÈNE VII

VALÈRE, ÉLISE, HARPAGON.

HARPAGON, *apercevant de loin Valère.*

Voilà Valère;
Veux-tu qu'entre nous deux il juge cette affaire?

ÉLISE.

J'y consens.

HARPAGON.

Viens, Valère, et là, de bonne foi,
Dis lequel a raison, de ma fille ou de moi.

VALÈRE.

C'est vous, monsieur.

HARPAGON.

Sais-tu ce que je lui propose?

VALÈRE.

Non, monsieur; du débat quelle que soit la cause,
Vous seul dans ce logis ne sauriez avoirt tort,
Et vous êtes, monsieur, toute raison.

HARPAGON.

D'accord.
Je lui veux, dès ce soir, faire épouser un homme
Aussi riche que sage, aussi sûr qu'économe;
Et voyez la coquine! elle me rit au nez!
Que dis-tu de cela?

VALÈRE.

Vraiment?... vous m'étonnez!

HARPAGON.

Eh bien?

VALÈRE.

Ce que j'en dis?

HARPAGON.

Tu l'approuves peut-être?

VALÈRE.

Je dis que, dans le fond, sans vouloir en connaître
Tous les motifs, je suis de votre sentiment;
Mais n'a-t-elle pas tort tout à fait, et...

HARPAGON.

Comment?
Anselme est un parti vraiment considérable;
Un gentilhomme noble, aisé, d'humeur affable,
Un veuf n'ayant ni fils, ni fille, ni neveu:
N'est-ce pas un époux comme on en voit fort peu?

VALÈRE.

C'est juste. On doit se rendre à de pareilles causes.
Mais n'est-ce point un peut précipiter les choses?
Et ne pensez-vous pas qu'il faudrait quelque temps
Pour voir si son humeur s'accorde avec...

HARPAGON.

J'entends;
Mais on n'a jamais vu deux rencontres pareilles!
C'est une occasion à saisir aux oreilles,
Puisque enfin il s'engage à la prendre sans dot.

VALÈRE.

Sans dot?

HARPAGON.

Oui.

VALÈRE.

Diantre! alors je ne dis plus un mot.
Qu'il soit donc son époux, si la place est vacante;
Et c'est une raison tout à fait convaincante!

HARPAGON.

Considère surtout quelle épargne pour moi!

VALÈRE.

J'en conviens. Il est vrai, qu'en engageant sa foi,
Votre fille dirait que le soin de sa gloire
L'oblige à réfléchir plus qu'on ne peut le croire;
Qu'il y va pour son cœur, dans ce pas dangereux,
D'être, une vie entière, heureux ou malheureux:
Qu'un lien sur lequel tout l'avenir se fonde...

HARPAGON.

Sans dot!

VALÈRE.

Que voulez-vous, monsieur, qu'on vous ré- [ponde?
On pourrait objecter, qu'en telle occasion,
Il faut avoir égard à l'inclination:
D'autant que cette grande inégalité d'âge
A des revers fâcheux expose un bon ménage...

HARPAGON.

Sans dot!

VALÈRE.

Ah! je n'ai pas de réplique à cela:
Qui diantre peut aller contre ces raisons-là?
Ce n'est pas que l'on trouve un bon nombre de pères,
Soigneux de leurs enfants plus que de leurs af- [faires;
Et recherchant surtout cette conformité
Qui maintient le bonheur et la tranquillité:
Et que...

HARPAGON.

Sans dot!

VALÈRE.

C'est vrai! cette raison me touche.
Sans dot! ah! je me rends! sans dot ferme la [bouche
A tout!

HARPAGON, *à part, écoutant du côté du jardin.*

Ouais! j'entends aboyer quelque chien!
N'est-ce pas par hasard qu'on en veut à mon bien?
(*A Valère et Élise.*)
Ne bougez, je reviens.

(*Il sort.*)

SCÈNE VIII

ÉLISE, VALÈRE.

ÉLISE.

Vous moquez-vous, Valère,
De lui parler ainsi?

VALÈRE.

Je connais votre père;
C'est pour ne point l'aigrir et pour en venir mieux
A bout. Heurter de front son vouloir envieux,
Est le moyen de tout gâter. Il faut s'y prendre
En biaisant; et pour moi, réussir c'est attendre.
Il est certains esprits, que la sincérité
Fait cabrer, sottement, contre la vérité:
Que par la patience il faut savoir réduire,
Et qu'on mène, en tournant, où l'on veut les [conduire.
Pour vous, faites semblant de consentir à tout;
Et, si vous m'en croyez, nous en viendrons à bout.

ÉLISE.

Oui; mais ce mariage, il faudrait l'interrompre...

VALÈRE.
Sans doute, on cherchera quelque biais pour le
ÉLISE. [rompre.
Mais comment? dès ce soir le contrat est scellé!
VALÈRE.
Feindre une maladie, obtenir un délai.
ÉLISE.
Mais si les médecins reconnaissent la feinte?
VALÈRE.
Vous moquez-vous? Allez, n'ayez aucune crainte;
Vous feindrez avec eux le mal qui vous plaira,
Chacun d'eux, autrement, vous le définira.

SCÈNE IX

ÉLISE, VALÈRE, HARPAGON.

HARPAGON, *à part, dans le fond du théâtre.*
Ce n'est rien, Dieu merci!
VALÈRE, *sans voir Harpagon.*
Pour tout dire, la fuite
Nous peut mettre à couvert, au moins de sa pour-
Et si votre constance... [suite;
(*Apercevant Harpagon et haussant la voix.*)
Une fille, en effet,
Ne doit point regarder comme un époux est fait;
Quand la grande raison de *sans dot* s'y rencontre,
Elle doit être prête à tout ce qu'on lui montre.
HARPAGON, *s'approchant**.
Bon! voilà bien parler.
VALÈRE.
Ah! mon maître, pardon,
Si je parle à madame avec cet abandon;
Pour punir mon oubli, vous prendrez mes étren-
HARPAGON. [nes.
Comment! j'en suis bien aise, et je veux que tu
Dès à présent sur elle un pouvoir absolu; [prennes
Je te donne celui qui m'était dévolu.
(*A Élise qui sort.*) [fasse,
Oui, vous avez beau fuir; quoi qu'il dise ou qu'il
Il faut s'y conformer sans la moindre grimace:
Je lui cède les droits de la paternité.

* Harpagon, Valère, Élise.

VALÈRE, *à Élise **.
Résistez, maintenant, à mon autorité!

SCÈNE X

VALÈRE, HARPAGON.

HARPAGON.
Elle t'obéira.
VALÈRE.
Monsieur, je vais la suivre,
Lui donner des leçons, et lui montrer à vivre!
HARPAGON.
Oui, tu m'obligeras, certes!
VALÈRE.
Il faut tenir
La bride haute aux gens.
HARPAGON.
Je dois en convenir,
Il faut...
VALÈRE.
Soyez sans peur, la chose m'est facile!
HARPAGON.
Fais, fais. Je m'en vais faire un petit tour en ville,
Et reviens tout à l'heure.
VALÈRE, *adressant la parole à Élise, et s'en allant du côté par où elle est sortie*
Oui, l'or est précieux
Plus que tout ici-bas; rendez grâces aux cieux
De vous avoir donné ce brave homme de père:
Il sait comme on doit vivre et conduire une af-
[faire.
Lorsqu'on s'offre de prendre une fille sans dot,
Regarder plus avant n'est le fait que d'un sot;
Et *sans dot* nous tient lieu de beauté, de jeunesse,
De naissance, d'honneur, de vertu, de sagesse,
Même de probité... *sans dot* remplace tout!
(*A Harpagon, en s'en allant.*)
Comptez sur moi, monsieur, nous en viendrons à
HARPAGON, *seul.* [bout.
Ah! le brave garçon! voyez comme il s'emporte!
Heureux qui peut avoir un valet de la sorte!

* Valère, Harpagon.

FIN DU PREMIER ACTE.

ACTE DEUXIÈME

SCÈNE PREMIÈRE

CLÉANTE, LA FLÈCHE.

CLÉANTE.
Ah! traître, arrive donc! où te vas-tu cacher?
Ne t'avais-je pas dit...
LA FLÈCHE.
Monsieur, sans vous fâcher,
Je vous guettais céans; mais le plus volontaire,
Le plus malgracieux des hommes de la terre,
M'a chassé dans la rue et m'a presque battu.
CLÉANTE.
Comment va notre emprunt? car, la Flèche, vois-
Je viens de me trouver un rival. [tu,
LA FLÈCHE.
Qui?
CLÉANTE.
Mon père!
LA FLÈCHE.
Votre père, amoureux?
CLÉANTE.
Ce qui me désespère,
C'est d'avoir pu trahir la douleur et l'effroi
Dont cette découverte est trop pleine pour moi.
LA FLÈCHE.
Lui, se mêler d'aimer! se moque-t-il du monde?
De quoi s'avise-t-il? croit-il qu'on lui réponde,
Et l'amour est-il fait pour des gens comme lui?
CLÉANTE.
Pour mes péchés, sans doute, il en tient aujour-
LA FLÈCHE. [d'hui!
Mais par quelle raison faites-vous un mystère
De votre amour?

CLÉANTE.
Je crains son mauvais caractère,
Et veux me réserver à de meilleurs instants...
D'en faire confidence il sera toujours temps.
Qu'a répondu le juif?
LA FLÈCHE.
Ma foi, c'est pitoyable,
Quand il faut par la queue aller tirer le diable,
Et lorsqu'on est réduit, pour vivre quelque peu,
A passer par les mains de ces fesse-mathieu.
CLÉANTE.
Ainsi tout est rompu?
LA FLÈCHE.
Que monsieur me pardonne;
Notre maître Simon, le courtier qu'on nous donne,
Homme agissant, fidèle, a fait rage pour nous,
Et dit que votre air seul le prévient envers vous.
CLÉANTE.
J'aurai donc les cinq mille écus que je demande?
LA FLÈCHE.
A des conditions méritant qu'on le pende,
Mais qu'il faut accepter, si l'emprunt est urgent.
CLÉANTE.
T'a-t-il montré celui qui doit prêter l'argent?
LA FLÈCHE.
Ah! vraiment, non; cela ne va pas de la sorte.
Nous le montrer? oui-dà! maître Simon apporte
Encore plus de soin de se cacher que vous,
Et ce sont des secrets trop graves pour les fous.
On ne veut nous montrer l'homme utile qui prête,
Que dans une maison empruntée et discrète,
Pour être instruit par vous des biens de vos parents,
Qui de notre marché sont les plus sûrs garants;
Mais, dès qu'il apprendra le nom de votre père,
Le reste ira tout seul...
CLÉANTE.
Et surtout que ma mère
Étant morte, ses biens ne peuvent m'être ôtés.
LA FLÈCHE, *tirant un papier de sa poche.*
Voici quelques écrits que lui-même a dictés
A notre entremetteur, avant que de rien faire:
(*Lisant.*)
« Admis que le prêteur trouve ses sûretés, [père
» Et que l'emprunteur soit majeur, qu'il ait un
» Dont le bien soit solide, ample et net, on fera
» Bonne obligation par-devant un notaire
» (Trouver le plus honnête homme qu'il se pourra),
» Et que, pour cet effet, le prêteur choisira,
» Ayant plus que tout autre intérêt à l'affaire. »
CLÉANTE.
C'est juste.
LA FLÈCHE.
« Le prêteur, pour ne se point charger
» D'aucun scrupule vain, ne prétend engager
» Son argent qu'au denier dix-huit. »
CLÉANTE.
Quel honnête homme!
LA FLÈCHE.
« Comme ledit prêteur n'a pas chez lui la somme
» Dont il est question, et que, pour l'emprunteur,
» Lui-même, il est contraint de l'emprunter d'un
» Il conviendra payer à ce second prêteur [autre,
» Un intérêt de cinq, sans préjudice au nôtre;
» Attendu que ce n'est qu'afin de l'obliger
» Qu'à cet emprunt légal on prétend s'engager. »
CLÉANTE. [quatre!
Comment diable! quel juif! C'est plus qu'au denier
LA FLÈCHE.
C'est bien ce que j'ai dit, on n'en veut rien ra-
CLÉANTE. [rabattre.
Quel arabe est-ce là? m'écorcher tout vivant!
LA FLÈCHE.
Puisque c'est son métier! Songez-y bien avant,
C'est à prendre ou laisser. Je vous ouvre la voie,
Vous verrez là-dessus.
CLÉANTE.
Que veux-tu que je voie?
J'ai tant besoin d'argent que je consens à tout.
Encore quelque chose?
LA FLÈCHE.
Écoutez jusqu'au bout: [livres,
« Des quinze mille francs qu'on inscrit sur les
» On ne compte en argent que douze mille livres;
» Et pour les mille écus restants, notre emprunteur
» Prendra nippes, bijoux dont s'ensuit le mémoire,
» Lesquels, de bonne foi, sont mis par le prêteur
» Au plus modique prix... »
CLÉANTE.
Quel est donc ce grimoire?
LA FLÈCHE. [ment:
Voulez-vous m'écouter, monsieur? « Première-
» Un lit de quatre pieds, tours de point de Hongrie,
» Sur drap couleur d'olive appliqués proprement,
» La courte-pointe idem; six chaises, draperie
» Doublée en taffetas chatoyant, rouge et bleu,
» Le tout en bon état. »
CLÉANTE.
Qu'ai-je affaire, morbleu!
LA FLÈCHE.
« Pavillon en coutil d'Aumale, rose sèche,
» Avec franges de soie et mollet... »
CLÉANTE.
Mais, la Flèche,
Que veut-il que j'en fasse?
LA FLÈCHE.
Attendez! j'ai passé:
« Un tapis des amours de Gombaud et Macé.
» Plus, un fauteuil à bras en rosier véritable,
» Un vase du Japon... » Le reste est effacé.
CLÉANTE.
Est-ce tout?
LA FLÈCHE.
Un seul mot: « Plus, une grande table
» En bois de noyer dur, se tirant par deux bouts,
» Douze piliers tournés, et garnie en dessous
» De six bons escabeaux. »
CLÉANTE.
Ah! qu'il s'en aille au diable!
LA FLÈCHE. [quets,
Donnez-vous patience: « Enfin, trois gros mous-
» Et fourchettes idem; plus un fourneau de brique
» Avec récipient, très-propre à la fabrique
» Pour distiller l'œillette ou l'essence à bouquets. »
CLÉANTE.
J'enrage!
LA FLÈCHE.
Doucement: « Plus, un luth de Bologne
» Garni de toutes ses cordes ou peu s'en faut;
» Archet de crin choisi, manche en cou de cigogne,
» Crevé par le milieu, du reste sans défaut;
» Trou-madame et damier avec un jeu de l'oie,
» Renouvelé des Grecs » ... Passe-temps qu'on
[emploie
Lorsque l'on n'a que faire avant d'être endormi:

« Une peau de lézard de trois pieds et demi, [bre,
» Pleine de foin tout neuf, de musc et de gingem-
» Chose agréable à pendre au plancher d'une cham-
» Le tout mentionné, valant loyalement [bre.
» Quatre mille cinq cents livres, et qu'on rabaisse
» A la valeur de mille écus, à trois francs pièce,
» Par la discrétion dudit prêteur. »

CLÉANTE.

Vraiment?
Que la peste l'étouffe, avec son prêt du diable,
Et sa discrétion! Quelle usure incroyable!
Et n'est-il pas content, le bourreau, d'exiger
Un si gros intérêt, sans vouloir m'obliger
A prendre tous les vieux rogatons qu'il ramasse?
Et pour trois mille francs! Que veut-il que j'en
Je n'aurai pas deux cents écus de tout cela! [fasse?
Cependant, il faut bien que je passe par là;
J'accepte aveuglément les chaînes qu'il me forge:
Il me tient, le vieux juif, un poignard sur la

LA FLÈCHE. [gorge!

N'en déplaise à monsieur, je le vois cheminer
Juste comme Panurge, allant se ruiner,
Prenant argent d'avance, et, selon le proverbe,
Payant cher, vendant mal, mangeant ses blés en

CLÉANTE. [herbe.

Que veux-tu que j'y fasse? Et puis, les jeunes gens
N'ont pas tous, comme moi, des pères exigeants,
Qui les forcent, pour vivre, à donner dans l'intrigue.
Tu sais l'adage: «A père avare, enfant prodigue. »
Et l'on s'étonne après qu'on souhaite leur mort!

LA FLÈCHE.

Je l'avoue; avec lui, ce n'est pas un grand tort.
Je n'ai pas, Dieu merci, les goûts patibulaires;
Et sans trop me flatter, parmi tous mes confrères,
De commerces discrets se mêlant quelque peu,
Je tire adroitement mon épingle du jeu;
Vous savez, entre nous, que je mène avec zèle
Maint petit tour galant qui sent un peu l'échelle;
Mais, à vous dire vrai, toutes ses actions
Donnent à le voler tant de tentations,
Que je croirais faire œuvre utile et méritoire
En le volant un peu.

CLÉANTE.

Donne donc ce mémoire!

SCÈNE II

MAITRE SIMON, HARPAGON, CLÉANTE ET LA FLÈCHE, *au fond.*

MAÎTRE SIMON.

Oui, monsieur, ce jeune homme a bien besoin d'ar-
Je le crois empêtré dans un cas très-urgent, [gent;
Nous le ferons passer par le trou d'une aiguille.

HARPAGON.

Mais savez-vous le nom, les biens et la famille
Du jeune homme pour qui vous venez m'em-
N'avons-nous avec lui rien à péricliter? [prunter?

MAÎTRE SIMON.

Non, je ne puis pas bien à fond vous en instruire;
Chez moi, par aventure, on a dû le conduire:
Mais vous serez de tout par lui-même éclairci,
Et vous me saurez gré de mes soins, Dieu merci!
On m'a bien assuré que sa famille est riche,
Que sa mere est défunte et son père très-chiche;
Et qu'il s'obligera, comme on fait quelquefois,
A le porter en terre, avant qu'il soit huit mois.

HARPAGON. [tienne;

C'est quelque chose au moins. Mais qu'à cela ne
On peut attendre un an. La charité chrétienne,
Maître Simon, oblige à secourir ainsi
Tous ceux que nous pouvons.

LA FLÈCHE, *bas à Cléante, reconnaissant maître Simon.*

Que veut dire ceci?
Notre maître Simon, qui parle à votre père!

CLÉANTE.

Qui donc m'a dénoncé? Serais-tu leur compère?

MAÎTRE SIMON, *à la Flèche.*

Ah! ah! vous êtes bien pressés! Qui vous a dit
Que c'était de céans que me vient mon crédit?
(*A Harpagon.*) [semble,
C'est fâcheux; mais le mal est moins grand qu'il ne
Et vous pouvez ici vous expliquer ensemble.
Monsieur est l'emprunteur dont je vous ai parlé.

HARPAGON.

Comment, maître Simon!

CLÉANTE.

Ah! le juif endiablé!

HARPAGON, *à Cléante.* [donne

Comment, pendard! c'est toi dont l'esprit s'aban-
A de pareils excès? tant d'audace m'étonne!
(*La Flèche s'enfuit.*)

CLÉANTE.

Comment, mon père, vous! c'est vous qui vous
A ces actes honteux, à ces extrémités? [portez
(*Maître Simon s'enfuit.*)

SCÈNE III

CLÉANTE, HARPAGON.

HARPAGON.

Vouloir te ruiner par des emprunts semblables!

CLÉANTE.

Vouloir vous enrichir d'usures si coupables!

HARPAGON.

Oses-tu bien, après, paraître devant moi?

CLÉANTE.

Osez-vous bien, après, vous couvrir de la loi?

HARPAGON.

Et tu ne rougis pas de fouiller dans mes poches,
Pour te précipiter dans de folles débauches?
De dissiper ainsi l'avoir, jeune insensé,
Avec tant de sueurs par ton père amassé?

CLÉANTE.

Ne rougissez-vous point de vous livrer encore
A ce commerce indigne, et qui nous déshonore?
D'immoler votre vie, avant d'avoir vécu,
Au désir d'entasser l'or, écu sur écu;
De renchérir, en fait de juiverie infâme,
Sur tous les usuriers sans pudeur et sans âme?

HARPAGON.

Ah! pendard! ah! coquin! ôte-toi de mes yeux!

CLÉANTE.

Quel est plus criminel, plus vil, plus odieux,
Ou celui qui vous paye un argent nécessaire
Ou qui vole un argent dont il ne sait que faire?

HARPAGON.

Retire-toi, te dis-je! (*Cléante sort.*)
Eh! ce m'est un avis
D'avoir plus que jamais l'œil ouvert sur mon fils.

SCÈNE IV

FROSINE, HARPAGON.

FROSINE.

Monsieur...

HARPAGON, *à part.*
Attends ! Il est à propos que je jette
Un coup d'œil, au jardin, sur ma chère cassette.
(*Il sort.*)

SCÈNE V

FROSINE, LA FLÈCHE.

LA FLÈCHE, *sans voir Frosine.*
L'aventure est fort drôle. Il faut qu'il ait ailleurs
Un magasin d'habits dérobés aux tailleurs,
Car je n'ai rien trouvé de ce maudit mémoire.

FROSINE.
C'est ce pauvre la Flèche ! Eh ! bonjour ! quelle
D'où vient cette rencontre ? [histoire !

LA FLÈCHE.
Oui, c'est moi, Dieu merci !
Bonjour, Frosine. Et toi, que viens-tu faire ici?

FROSINE.
Ce que je fais partout... m'entremettre d'affaires,
Me rendre utile aux fils à la barbe des pères;
Et profiter, du mieux qu'il est en mon pouvoir,
Des talents qu'il leur faut et que je puis avoir.
Tu sais que dans ce monde il faut vivre d'adresse;
Et qu'aux gens comme moi, Dieu, pour toute ri-
[chesse,
N'a donné que l'intrigue et l'esprit vif et prompt.

LA FLÈCHE.
As-tu quelque négoce avec notre patron ?

FROSINE.
Oui, je traite pour lui quelque petite affaire,
Dont j'espère tirer un honnête salaire.

LA FLÈCHE.
Un salaire? de lui ! Bien fine tu seras,
Frosine, car jamais un sol n'en tireras ;
L'argent, je t'en préviens, est céans chose rare.

FROSINE.
Certains soins délicats touchent même un avare.

LA FLÈCHE.
Je suis votre valet et te baise les mains.
Le seigneur Harpagon est, de tous les humains,
L'humain le moins humain ; dans la ville où nous
[sommes,
Le plus dur et le plus serré de tous les hommes.
Il n'est petit service, il n'est soins délicats
Qui poussent ce vieux ladre à montrer ses ducats.
Nul ne peut délier les cordons de sa bourse ;
L'amitié, les grands mots coulent comme de source,
Mais de l'or? point d'affaire : et vous lui parlez grec
Si vous en demandez. Il n'est rien de plus sec
Que les bons procédés de ce méchant avare;
Et le mot de *donner* lui paraît si barbare
Que, lorsqu'il vous rencontre, en ville ou dans la
Il ne *donne* jamais, il *prête le bonjour*. [cour,

FROSINE. [hommes,
Mon Dieu ! mon cher, je sais l'art de traire les
Avare ou dépensier, d'en tirer quelques sommes,
De m'ouvrir leur tendresse en chatouillant les
Et d'un sort indigent corriger les rigueurs. [cœurs,

LA FLÈCHE.
C'est bagatelle ici. Tu ne saurais, Frosine,
Du côté de l'argent corriger sa lésine.
Il est turc là-dessus, c'est moi qui t'en réponds ;
Mais d'une turquerie à damner les fripons :
Et l'on pourrait crever de besoin, sur la paille,
Qu'il n'en branlerait pas plus que cette muraille.
En un mot, ce vieux cancre aime l'argent, vois-tu,
Plus que condition, qu'honneur et que vertu ;
L'aspect d'un demandeur lui donne la colique,
Le fait gesticuler comme un épileptique :
C'est le frapper au cœur par son endroit mortel...
Il vient... je te verrai ce soir, à ton hôtel.
(*Il sort.*)

SCÈNE VI

FROSINE, HARPAGON.

HARPAGON, *à part.*
(*Haut.*)
Bon, tout va comme il faut. Hé bien? qu'est-ce,

FROSINE. [Frosine?
Ah ! mon Dieu ! quel teint frais ! quelle excellente
Que vous vous portez bien ! [mine !

HARPAGON.
Qui, moi? presque un vieillard !

FROSINE.
Jamais ! car on n'est pas plus frais et plus gaillard !

HARPAGON.
Tout de bon ?

FROSINE.
Vous n'avez été, de votre vie,
Si jeune ; et je connais, sans vous porter envie,
Des gens de vingt-cinq ans qui sont plus vieux

HARPAGON. [que vous.
Soixante bien comptés !

FROSINE.
Soixante ans? Entre nous,
Qu'est-ce que soixante ans? mais c'est la fleur de
Heureux d'avoir passé la jeunesse volage, [l'âge !
Vous entrez maintenant dans la belle saison.

HARPAGON.
Il est vrai, je suis vert, plus vert que de raison ;
Oui, mais vingt ans de moins feraient bien mon

FROSINE. [affaire.
Vous moquez-vous? vingt ans ! vous n'en avez que
Vous êtes d'une pâte à vivre un siècle entier. [faire;

HARPAGON.
Un siècle?

FROSINE.
Assurément ! Je connais mon métier.
Tenez-vous un peu; là ! Mais voyez quel bon signe
Entre vos deux yeux !

HARPAGON.
Vrai?

FROSINE.
Regardez cette ligne
De longue vie !

HARPAGON.
Eh bien?

FROSINE.
Si j'en crois les devins,
Je vous donnais cent ans, vous passerez six-vingts.

HARPAGON.
Se peut-il?

FROSINE.
Il faudra vous assommer, vous dis-je ;
Et vous mettrez en terre, on verra ce prodige,
Enfants et les enfants de vos enfants !

HARPAGON.
Tant mieux !

Comment va notre affaire

FROSINE.

Êtes-vous curieux?
Et me voit-on mêler de rien dont je ne vienne
A bout, pour peu du moins que le choix me con-
J'ai pour le mariage un merveilleux talent; [vienne?
J'ai pour toute beauté quelque prince galant,
Et pourrais marier, si j'avais sa pratique,
Le Grand-Turc en personne, avec la République
De Venise.

HARPAGON.

A merveille!

FROSINE.

En cette affaire-ci,
J'aurai moins d'embarras et de mal, Dieu merci!
Sa mère sait déjà quel amour vous pénètre,
D'avoir vu Mariane, assise à sa fenêtre.

HARPAGON.

Quelle fut sa réponse?

FROSINE.

Elle vous fait savoir
Puisque vous souhaitiez que sa fille, ce soir,
Assistât elle-même au contrat de la vôtre,
Que je pourrais ici les montrer l'une à l'autre.

HARPAGON.

C'est qu'il faut que je donne un souper conjugal
A mon gendre, et je veux qu'elle soit du régal.

FROSINE.

C'est trop juste. Elle doit, si j'ai bonne mémoire,
Aller, après dîner, faire un tour à la foire,
Pour venir au souper...

HARPAGON.

Hé bien! je les prendrai
Dans mon carrosse bleu que je leur prêterai.

FROSINE.

Diantre!

HARPAGON.

As-tu consulté la mère de famille
Touchant le bien qu'elle a réservé pour sa fille?
As-tu dit qu'il fallait qu'elle s'aidât un peu?
Qu'elle fît un effort, quelques efforts, morbleu!
Car je n'épouserai celle qu'on me propose,
Que si je suis certain de toucher quelque chose.

FROSINE.

Je vous la garantis, et je tiens le pari
Que cette jeune fille apporte à son mari,
En tout bien, tout honneur, cinq mille écus de rente.

HARPAGON.

Cinq mille écus?

FROSINE.

Cinq mille! Oui; sa digne parente
L'a nourrie, élevée, avec un soin touchant,
Dans une grande épargne et de bouche et d'argent.
C'est une fille apprise à vivre de salades,
De fromage, de lait, comme font les malades;
A qui, par conséquent, il ne faudra jamais
Ni table bien servie et pliant sous les mets,
Ni ces orges mondés, ni ces délicatesses
Qu'il faudrait acheter pour nos jeunes comtesses:
Et cela ne va pas, au dire des témoins,
Sans monter tous les ans à mille écus, au moins.
De plus, la propreté fait toute sa parure;
Elle ne goûte point, fille modeste et pure,
Les superbes habits ni les riches bijoux,
Les meubles somptueux, ce fléau des époux:
Et cet article-là, sans y compter les livres,
Les chansons, les romans, vaut quatre mille livres.
De plus, le jeu lui cause une horreur, un ennui!
Ce qui n'est pas commun aux femmes d'aujourd'hui;
J'en sais de nos quartiers dont le trente et quarante
Mange, bon an mal an, vingt mille francs de rente.
N'en prenons que le quart. Cinq mille francs au jeu,
Quatre mille en habits et bijoux, c'est bien peu:
Cela fait au total, par an, neuf mille livres;
Avec deux mille écus que je mets pour les vivres,
Et ne voilà-t-il pas, sans ses autres bontés,
Vos quinze mille francs de rente, bien comptés?

HARPAGON.

Ma foi! ce compte-là n'est pas mal, pour un conte!

FROSINE.

Si fait! N'est-ce donc pas quelque chose qui compte,
Que d'apporter l'appoint de la sobriété,
Le fonds d'un grand amour pour la simplicité
Et la haine du jeu, pour dot, en mariage?

HARPAGON.

C'est une raillerie et je veux davantage.
Je n'irai point donner, malgré tous ses appas,
Quittance de valeurs que je ne reçois pas;
Il faut qu'absolument je touche quelque chose.

FROSINE.

Mon Dieu! vous toucherez assez; on vous propose
D'épouser seulement, et vous n'y perdrez rien.
Dans un certain pays elle a beaucoup de bien:
Et, si vous l'épousez, vous en serez le maître.

HARPAGON.

Il faudra voir cela, Frosine, et tout connaître!
Une chose me donne à penser toutefois.
Mariane est encor très-jeune, tu conçois; [blables,
Souvent les jeunes gens n'aiment que leurs sem-
Et j'ai peur que, malgré mes qualités aimables,
Un homme d'âge mûr ne soit pas de son goût,
Et ne fasse un mari comme on en voit partout.

FROSINE.

Vous la connaissez mal et lui faites injure!
C'est un goût singulier que le sien, je vous jure;
Elle hait à la mort tous les jeunes galants
Et n'aime que les vieux, avec des cheveux blancs.

HARPAGON.

Elle?

FROSINE.

Elle. Je voudrais que vous l'eussiez ouïe
Raisonner là-dessus; j'en suis toute éblouie!
Elle ne peut souffrir le babil ni l'aspect [pect
D'un jeune homme; et se sent tout amour et res-
Pour un majestueux vieillard, à taille ronde. [de;
Les plus vieux à son gré sont les plus beaux du mon-
Surtout, gardez-vous bien d'aller vous rajeunir,
Si, de son propre fait, vous voulez l'obtenir:
Elle veut que l'on soit au moins sexagénaire!
L'autre jour, devant moi, devant sa vieille mère,
Elle rompit tout net un contrat bien précis,
Sur ce que son futur comptait cinquante-six:
Et, de plus, qu'au moment de signer les articles,
Le nez de ce jeune homme était veuf de besicles!

HARPAGON.

Sur cela?

FROSINE.

Ceux qui n'ont que cinquante-six ans
Ne lui paraissent pas en amour suffisants;
Elle est pour les grands nez qui portent des lunettes.

HARPAGON, *mettant ses lunettes.*

Oui-dà! cela rendra nos affaires plus nettes.

FROSINE.

Et cela va plus loin que vous ne le pensez! [ces;
Dans sa chambre on lui voit des tableaux commen-
Que pensez-vous qu'ils soient? Adonis ou Céphale?
Apollon ou Pâris? Hercule aux pieds d'Omphale?
Non : mais de beaux portraits d'Ulysse, de Mentor,
De Saturne, du roi Priam, du vieux Nestor,
Et du bon père Anchise enlevé par Énée!

HARPAGON.

Vraiment! C'est à coup sûr une fille bien née!
Je suis ravi de la savoir de cette humeur.
Moi, si j'avais été femme, sur mon honneur,
J'aurais fui ces galants taillés pour les églogues!

FROSINE.

Certes, je le crois bien. Voilà de belles drogues
Que tous ces beaux morveux, ces porteurs d'ori-
peaux,
Pour nous donner envie à tâter de leurs peaux!

HARPAGON.

Moi, je ne comprends pas quelle amorce secrète
Vous les fait adorer, quand ils content fleurette.

FROSINE.

Qui? moi! tous ces blondins, je n'en fais pas cela!
Et peut-on s'attacher à ces animaux-là?

HARPAGON.

C'est bien ce que je dis; avec leur ton de poule
Laitée, et leurs trois brins de barbe qui se roule
En poil de chat : cheveux par le fer tiraillés,
Hauts-de-chausses tombants, estomacs débrail-
[lés!...

FROSINE.

Les voilà bien bâtis, près de votre personne!
C'est un homme cela, dont la beauté foisonne;
Et c'est ainsi qu'il faut être fait et vêtu,
Pour donner de l'amour à la même vertu.

HARPAGON.

Tu me trouves bien?

FROSINE.

Peste! une figure à peindre!
Tournez-vous donc un peu; vous n'avez rien à crain-
Avancez quelques pas. Il ne se peut pas mieux; [dre.
C'est un corps sans défaut et cela saute aux yeux.

HARPAGON, *toussant.*

Je suis sain, Dieu merci, très-sain; sauf le catarrhe;
Qui me tourmente un peu.

FROSINE.

C'est un charme assez rare
Et qui vous sied fort bien, d'avoir un peu de toux;
On a grâce infinie à tousser comme vous.

HARPAGON.

Mais, dis-moi : Mariane a dû faire connaître
Qu'elle aimait à me voir passer sous sa fenêtre?

FROSINE.

Non; mais souvent de vous je lui parle en secret;
Et de vos qualités j'ai fait un tel portrait,
J'ai tant, de votre hymen, fait sonner l'avantage,
Qu'elle n'oserait plus l'ajourner davantage.

HARPAGON.

Tu peux tout espérer d'un cœur comme le mien.

FROSINE.

J'aurais à vous prier, monsieur, de presque rien.
Je suis en train de perdre une petite affaire;
C'est un ancien loyer qu'il me faut satisfaire,
Et quelque peu d'argent pour les frais du procès
Pourrait, par vos bontés, m'assurer le succès.
(*Harpagon prend son air sérieux.*)
Vous ne sauriez penser combien elle est jalouse
Du bonheur de s'entendre appeler votre épouse!
Ah! que vous lui plairez! que ce col si bien fait
Fera sur son esprit un admirable effet!
Mais ces grègues surtout, sans rubans ni paillettes,
Qu'on attache au pourpoint avec des aiguillettes!
C'est pour la rendre folle à courir après vous:
Un homme aiguilleté, c'est la fleur des ragoûts!

HARPAGON.

Certes, tu me ravis par cette confidence.

FROSINE.

Oui, monsieur, ce procès m'est d'une conséquence
Grande; et quelque secours, même le plus léger,
(*Harpagon reprend son air sérieux.*)
En cette occasion pourrait me soulager.
Ah! si vous l'eussiez vue, enchantée et ravie
De m'entendre parler du bonheur de sa vie!
(*Harpagon reprend son air gai.*)
Dans ses yeux éclataient la joie et le plaisir;
Enfin, ce mariage est son plus cher désir.

HARPAGON.

Le plaisir est pour moi, Frosine, je l'avoue;
Et je veux te donner, un baiser sur la joue.

FROSINE.

Accordez-moi plutôt ce tout petit secours,
(*Harpagon reprend son air sérieux.*)
Et je vous bénirai jusqu'à mes derniers jours.

HARPAGON.

Adieu! je vais, Frosine, achever mes dépêches.

FROSINE.

Prêtez-moi cet argent; les huissiers sont revêches.

HARPAGON.

Maître Jacques tiendra mon carrosse tout prêt.

FROSINE.

De toute autre que moi ce serait indiscret.

HARPAGON.

Et j'aurai soin aussi qu'on soupe de bonne heure;
Votre belle santé s'en trouvera meilleure.

FROSINE.

Ne me refusez pas ce prêt; il me le faut
Pour...

HARPAGON, *feignant qu'on l'appelle.*

Voilà qu'on m'appelle. Adieu, jusqu'à tantôt!
(*Il sort précipitamment.*)

SCÈNE VII

FROSINE, *seule.*

Que la fièvre te serre avec ton maître Jacques!
Le ladre est resté ferme à toutes mes attaques.
A ce chien de vilain il ne faut plus penser;
Mais j'ai l'autre côté pour me récompenser.

FIN DU DEUXIÈME ACTE

ACTE TROISIÈME

SCÈNE PREMIÈRE

HARPAGON, CLÉANTE, ÉLISE, VALÈRE, DAME CLAUDE, *tenant un balai*, MAÎTRE JACQUES, LAMERLUCHE, BRINDAVOINE.

Tous, excepté Harpagon, sont dans le fond, et s'approchent à mesure qu'il leur adresse la parole.

HARPAGON.

Allons, venez çà tous: que je vous distribue
Mes ordres pour tantôt, et vous passe en revue.
Dame Claude, approchez, commençons par un [bout:
Je vous commets au soin de nettoyer partout;
Bon. les armes en main; la brosse est présentable!
N'essuyez pas trop fort les meubles ni la table,
De peur de les user par trop de frottement;
Suivez le vieux dicton: « Hâtez-vous lentement! »
De plus, je vous prépose à l'ordre des bouteilles;
Les jeunes en avant: respectez les plus vieilles!...
Et si vous m'en cassez quelqu'une par hasard,
Je vous la rabattrai sur vos gages plus tard!

MAÎTRE JACQUES, *à part*.

Châtiment politique!

HARPAGON, *à Dame Claude*.

Allez!...

(*Dame Claude va au fond.*)

Vous, Lamerluche,
Vous aussi, Brindavoine, ayez l'eau dans la cruche!
Vous verserez le vin avec ménagement,
Lorsque l'on aura soif; et non pas follement,
Comme certains laquais, qui vous pressent l'éponge
Sans que vous y songiez: attendez qu'on y songe!...
Et vous ressouvenez de porter beaucoup d'eau.

MAÎTRE JACQUES, *à part*.

Vin pur monte à la tête et fait mal au cerveau!

HARPAGON.

Allez!

LAMERLUCHE.

Quitterons-nous, monsieur, nos siquenilles?

HARPAGON.

Plus tard! et gardez bien de les mettre en guenilles.

BRINDAVOINE.

Vous savez bien, monsieur, que mon meilleur pour-[point
Sur tout le côté droit, d'huile de lampe est oint.

LAMERLUCHE.

Et moi, que j'ai, monsieur, un grand trou, révérence
Parler, sur le derrière et qu'on me voit...

HARPAGON.

Silence!
Rangez cela devers la muraille, en servant,
Et présentez toujours au monde le devant;

(*A Brindavoine, en lui montrant comment il doit mettre son chapeau au-devant de son pourpoint pour cacher la tache d'huile.*)

Et vous, tenez toujours ainsi votre coiffure
Lorsque vous servirez, pour cacher la peinture.

(*Lamerluche et Brindavoine sortent.*)

SCÈNE II

LES MÊMES, *moins* LAMERLUCHE *et* BRINDAVOINE.

HARPAGON.

Çà, ma fille, approchez! Vous aurez l'œil ouvert
Sur ce qui restera. jusqu'au dernier couvert.
Que rien ne soit gâté. Cela sied bien aux filles
D'apprendre à faire un jour des mères de familles.
Cependant, qu'on s'apprête à très-bien recevoir
Ma maîtresse, qui doit nous visiter ce soir
Pour aller à la foire avec la dame Claude.
M'entendez-vous, ma fille?

ÉLISE.

Oui, mon père.

HARPAGON, *la contrefaisant*.

Oui, nigaude!

(*Élise sort avec dame Claude.*)

SCÈNE III

LES MÊMES, *moins* ÉLISE.

HARPAGON, *à Cléante*.

Vous, mon fils le muguet, à qui, c'est mon défaut,
J'ai déjà pardonné l'histoire de tantôt,
Vous ne lui comptez pas faire mauvais visage?

CLÉANTE.

Mauvais visage? moi?

HARPAGON.

Mon Dieu! tel est l'usage. [Jours
Des fils d'un premier lit, quand l'auteur de leurs
S'apprête à convoler en nouvelles amours.
Nous savons de quels yeux leur haine opiniâtre
S'obstine à regarder la meilleure marâtre.
Mais si vous souhaitez que je perde aujourd'hui
Le souvenir de vos fredaines, faites-lui
Bon visage, soyez prévenant et sensible;
Montrez-lui du respect au moins, si c'est possible!

CLÉANTE.

A vous dire le vrai, je ne vous promets pas
De voir avec plaisir, malgré tous ses appas,
Que je sois son beau-fils; mais je puis vous pro-
Quant à ce dernier point, d'obéir à la lettre: [mettre
De la bien recevoir.

HARPAGON.

Prenez-y garde au moins.

CLÉANTE.

Vous serez satisfait, j'y mettrai tous mes soins.

HARPAGON.

Vous ferez sagement.

(*Cléante sort.*)

SCÈNE IV

HARPAGON, MAÎTRE JACQUES, VALÈRE.

HARPAGON.

Bon garçon, un peu braque.
Çà, Valère, à nous deux; vous aussi, maître Jac-
Approchez: je vous ai gardé pour le dernier. [que,

MAÎTRE JACQUES.

Est-ce au cocher, monsieur, ou bien au cuisinier

Que vous voulez parler? car je suis l'un et l'autre.

HARPAGON.

C'est à tous les deux.

MAÎTRE JACQUES.

Mais, à qui d'abord?

HARPAGON,

A notre
Cuisinier.

MAÎTRE JACQUES.

Attendez, s'il vous plaît.
(Il ôte sa casaque de cocher et paraît en cuisinier.)
Me voilà!

HARPAGON.

Quelle cérémonie, et que diantre est cela?

MAÎTRE JACQUES.

Vous n'avez qu'à parler et je suis tout oreille.

HARPAGON.

J'ai du monde à souper ce soir.

MAÎTRE JACQUES.

Grande merveille!
Mais, répétez plus haut; je crains de me tromper...

HARPAGON.

Maître Jacques! ce soir j'ai du monde à souper!

MAÎTRE JACQUES.

Ah!...

HARPAGON.

Dis-moi, peux-tu faire une chère passable?

MAÎTRE JACQUES.

Oui, si vous me donnez bien de l'argent.

HARPAGON.

Que diable!
A-t-on jamais ouï rien de plus affligeant?
De l'argent! de l'argent! et toujours de l'argent!
C'est le cri familier de cette valetaille!
Leur épée au chevet, leur coursier de bataille!
De l'argent!

VALÈRE.

C'est parler comme un impertinent!
Voilà bien, sur mon âme, un prodige étonnant
De faire bonne chère en nous vidant la bourse!
Les sots n'ont que l'argent pour unique ressource;
Mais pour agir en homme habile, intelligent,
Faites-moi bonne chère avec très-peu d'argent.

MAÎTRE JACQUES.

Peu d'argent, bonne chère?

VALÈRE.

Oui.

MAÎTRE JACQUES.

Courez à l'office,
Et vous m'obligerez de prendre le service
De tourne-broche ou bien de premier marmiton,
Pour montrer ce secret, monsieur le factoton!

HARPAGON.

Taisez-vous! Que faut-il pour nous tirer d'affaire?

MAÎTRE JACQUES.

Monsieur votre intendant vous fera bonne chère
Pour peu d'argent.

HARPAGON.

Ouais! Tu ne répondras pas!
Je veux...

MATÎRE JACQUES.

Combien de gens serez-vous au repas?

HARPAGON.

Nous serons huit ou dix; mais ne fais de dépense
Que pour huit, rien de plus. Qui prend pour [huit, je pense,
A bien assez pour dix.

VALÈRE.

Cela s'entend.

MAÎTRE JACQUES.

Très-bien!
Il faudra vous servir, pour qu'il n'en reste rien,
Quatre potages gras, cinq assiettes d'entrées...

HARPAGON.

Comment?

VALÈRE.

Voyons un peu.

MAÎTRE JACQUES.

Potage de purées,
De perdrix aux choux verts, de bisque et de ca- [nards.

HARPAGON.

Ah! traître...

MAÎTRE JACQUES.

Un riz de veau, jambon aux épinards,
Tourte de pigeonneaux, boudin blanc et morille...

HARPAGON.

Mais que diable! voilà pour traiter une ville
Tout entière!

VALÈRE.

Attendez.

MAÎTRE JACQUES.

Rôt dans un grand bassin
En pyramide, orné de faisans...

HARPAGON.

Assassin!

MAÎTRE JACQUES.

Deux longes de chevreuil et de veau de rivière;
Trois poulardes du Mans, dix pigeons de volière,
Douze perdreaux truffés, six lapereaux...

HARPAGON, *mettant la main sur la bouche de maître Jacques.*

Vaurien!

MAÎTRE JACQUES.

Trente ortolans...

HARPAGON, *même jeu.*

Assez! tu manges tout mon bien! *

VALÈRE, *à maître Jacques.*

Maître Jacques veut-il après cette ripaille,
Voir crever tout le monde à force de mangeaille?
Allez-vous-en un peu consulter, en sortant,
Les lois de la santé, sur ce point important;
Demandez aux docteurs, s'il est rien sur la terre
De plus pernicieux qu'une trop bonne chère!

HARPAGON.

Il a, ma foi! raison; tu suivras ses conseils.

VALÈRE.

Apprenez, maître Jacque, et vous et vos pareils,
Que c'est un guet-apens pour les bouches friandes
Qu'un dîner somptueux trop rempli de viandes;
Qu'il faut, pour se montrer ami de l'invité,
Qu'un repas soit brillant par la frugalité; [vre
Et d'ailleurs, c'est toujours un bon précepte à sui-
Que ce mot d'un ancien : « Il faut manger pour [vivre,
Non vivre pour manger... »

HARPAGON.

Ah! c'est vraiment bien dit!
Ce conseil devrait être imposé par édit.
Je n'ai rien entendu de plus beau dans ma vie!
« Que l'on vit pour manger... » Eh! non, je me défie
De ma mémoire. Encor, que je dise à mon tour...

VALÈRE.

« Qu'il faut manger pour vivre et non pas vivre [pour
Manger.

* Ce menu est littéralement extrait de l'édition de l'*Avare* de 1682.

HARPAGON.

C'est merveilleux !
(*A Valère.*)
Quel est donc le grand homme
Qui fit cette sentence ?

VALÈRE.

Il se nomme...

HARPAGON.

Il se nomme?

VALÈRE.

Je ne me souviens pas maintenant de son nom.

HARPAGON.

Tu m'écriras cela. Je fais, dans ce salon,
Graver en lettres d'or... je veux dire de cuivre :
« Faut vivre pour manger, et non manger pour [vivre! »

VALÈRE.

Souvenez-vous au moins de ne pas vous tromper.

HARPAGON.

Je n'y manquerai pas. Et pour notre souper...

VALÈRE.

Laissez-moi tout régler, car je me sens en veine.

HARPAGON.

Fais donc.

MAÎTRE JACQUES.

Tant mieux, morbleu ! j'en aurai moins de [peine.

HARPAGON.

Maintenant, maître Jacque, il faut faire approcher
Mon carrosse.

MAÎTRE JACQUES.

Attendez ! c'est le tour du cocher !
(*Il remet sa casaque.*)

HARPAGON, *à Valère.*

Il faudra de ces mets dont on ne mange guères :
Qui bourrent tout d'abord ; de ces choses vul- [gaires,
Quelque pâté bien lourd, bien garni de marrons,
Un haricot bien gras...

VALÈRE.

Oui, nous y pourvoirons.

MAÎTRE JACQUES, *à Harpagon.*

Vous dites?

HARPAGON.

Qu'il faudra nettoyer mon carrosse,
Tenir mes chevaux prêts pour conduire la noce.

MAÎTRE JACQUES.

Qui? vos chevaux, monsieur? je ne puis vous ca- [cher
Qu'ils ne sont pas du tout en état de marcher.
Je ne vous dirai point qu'ils sont sur la litière,
Les bêtes n'en ont point. Hélas ! l'année entière
Vous leur faites subir de si rudes travaux,
Des jeûnes si complets, que ces pauvres chevaux
Ne sont plus à présent que des spectres maussa- [des,
Des façons de chevaux.

HARPAGON.

Les voilà bien malades !
Ils ne font rien.

MAÎTRE JACQUES.

Ils font comme ils mangent, mor- [bleu !

HARPAGON.

Qui dort, dîne !

MAÎTRE JACQUES.

C'est faux ! qui dîne mal, dort peu ;
Quand j'ai dîné, j'ai soif : qui boit bien, dort de [même !
Car j'ai, pour mes chevaux, une tendresse ex- [trême ;
Cela me fend le cœur de les voir dépérir,
Et je maigris moi-même en les voyant maigrir.
Pour eux, quand ils ont faim, tant leur état me [touche,
Je m'ôte tous les jours les choses de la bouche ;
Et c'est être, monsieur, d'un naturel trop dur
Que de voir son prochain crever au pied du mur.

HARPAGON.

Le travail n'est pas grand, d'aller jusqu'à la foire !

MAÎTRE JACQUES.

Jamais ! Vous auriez beau me donner un pour- [boire !
Non, monsieur ! je croirais commettre un atten- [tat,
En leur donnant du fouet dans un pareil état !
Comment voulez-vous donc qu'ils traînent la voi- [ture ?
Ils ne se traînent plus eux-mêmes, je vous jure !

VALÈRE.

Notre voisin Picard s'oblige à cet emploi.

MAÎTRE JACQUES.

Soit ! qu'ils meurent aux mains d'un autre hom- [me que moi.

VALÈRE.

L'esprit de maître Jacque est parfois trop sincère.

MAÎTRE JACQUES.

Et monsieur l'intendant fait bien le nécessaire !

HARPAGON.

Paix !

MAÎTRE JACQUES.

Je ne puis souffrir les flatteurs ; et je vois
Que ses perpétuels contrôles sur le bois,
Sur le pain et le vin, le sel et la chandelle,
Sont pour vous mieux gratter et faire le fidèle.
J'enrage de bon cœur et je suis en courroux,
D'entendre tous les jours ce qui se dit de vous ;
Car enfin je me sens, en dépit que j'en aie,
Pour vous de l'amitié, c'est la vérité vraie :
Et vous êtes, monsieur, pour tout dire en deux [mots,
Ce que j'aime le plus, après mes animaux.

HARPAGON.

J'en suis flatté. Pourtant, je voudrais bien con- [naître
Ce que l'on dit de moi ?

MAÎTRE JACQUES.

Si j'étais sûr, mon maître,
De ne vous fâcher point...

HARPAGON.

En aucune façon ;
Et tu peux délier ta langue, mon garçon.

MAÎTRE JACQUES.

Pardonnez-moi ; j'ai peur de vous mettre en co- [lère.

HARPAGON.

Du tout ! tu me feras grand plaisir, au contraire !
J'aimerais bien savoir comme on parle de moi.

MAÎTRE JACQUES.

Puisque vous y tenez, je vous dirai, ma foi,
Qu'on vous traite partout de barbon ridicule,
Qui n'a d'autre souci que d'enfler son pécule ;
Que chacun, au dehors, nous jette à ce sujet,
Mille brocarts plaisants dont vous êtes l'objet :
Qu'on n'est pas plus ravi que de vous prendre [aux chausses,
Pour vous accommoder, monsieur, à toutes sauces.

L'un dit que vous avez chez vous, depuis vingt [ans,
Des almanachs doublant vigile et quatre-temps,
Afin de profiter du carême et des jeûnes
Où vous nous obligez sans pitié, vieux et jeunes.
Un tel : quand un valet quitte votre maison, [son,
Ou que vers l'an nouveau, vous lui cherchez rai-
Afin de l'empêcher de sortir les mains pleines,
Ou pour vous dispenser de donner des étrennes.
Celui-là : qu'une fois, mais ce n'est qu'un fagot,
Pour vous avoir mangé le reste d'un gigot,
Vous fîtes assigner le chat de la voisine.
Celui-ci : qu'une nuit, poussé par la lésine,
On vous prit dérobant l'avoine à vos chevaux ;
Et que votre cocher, en jurant de gros mots,
Le valet d'avant moi, vous asséna dans l'ombre
De grands coups de bâton, dont nul ne sut le [nombre.
Voulez-vous que je dise ? on ne saurait aller
Nulle part que de même on n'entende parler.
Vous êtes la risée et la fable du monde :
Et je n'en vois aucun, que le ciel me confonde !
Qui, pour vous désigner, ne vous traite en tout
D'avare, de vilain et de fesse-mathieu. [lieu,

HARPAGON, *battant maître Jacques.*

Impudent ! triple sot ! tiens ! voilà ton pourboire !

MAÎTRE JACQUES.

Ne l'avais-je pas dit ? vous n'y vouliez pas croire ;
Quand j'étais sûr, monsieur, de vous mettre en [courroux !

HARPAGON.

Apprenez à parler, ou sinon, taisez-vous !

(Harpagon sort.)

SCÈNE V

VALÈRE, MAÎTRE JACQUES.

VALÈRE, *riant.*

Ah ! ah ! mon pauvre ami ! je vois avec surprise
Que l'on paye assez mal votre accès de franchise !

MAÎTRE JACQUES.

Morbleu ! monsieur l'intrus, qui faites l'impor- [tant,
Vous rirez de vos coups, s'il vous en donne au- [tant,
Et je prie ardemment le ciel qu'il vous en donne ;
Mais, sauf respect, mon dos ne regarde personne.

VALÈRE.

Ah ! monsieur maître Jacque, allons, remettez-
Et ne vous fâchez pas, de grâce. [vous ;

MAÎTRE JACQUES, *à part.*

Il file doux.
Je veux, pour l'effrayer, faire le diable à quatre,
Et s'il est assez sot pour me craindre, le battre
Quelque peu.

(Haut.)

Savez-vous bien, monsieur le rieur,
Que je ne ris pas, moi ? Le savez-vous, monsieur ?
Que si mon sang s'échauffe et ma tête s'emporte,
Je vous ferai, monsieur, rire d'une autre sorte ?

(Il pousse Valère jusqu'au fond du théâtre en le menaçant.)

VALÈRE.

De grâce !

MAÎTRE JACQUES.

Impertinent !

VALÈRE.

Hé, doucement !

MAÎTRE JACQUES.

Comment ?
Il ne me plaît pas, moi, de parler doucement !

VALÈRE.

Ah ! monsieur maître Jacque !

MAÎTRE JACQUES.

Il n'est pas pour un double
De monsieur maître Jacque !

(A part.)

(Haut.) Allons, ferme ! il se trouble !
Si je prends un bâton, je...

VALÈRE.

Comment, un bâton ?

(Il fait reculer maître Jacques à son tour.)

MAÎTRE JACQUES.

Hé ! je n'en parle pas.

VALÈRE, *à part.*

Il a changé de ton.

(Haut.)

Savez-vous bien, monsieur le fat, que je suis homme
A vous rosser vous-même, et que je vous assomme ?

MAÎTRE JACQUES.

Mais je n'en doute point.

VALÈRE.

Osez-vous bien nier
Que vous n'êtes qu'un grand faquin de cuisinier ?

MAÎTRE JACQUES.

Je le sais bien.

VALÈRE.

Et qui de nous deux est le maître ?

MAÎTRE JACQUES.

C'est vous, monsieur.

VALÈRE.

Tantôt vous allez me connaître !

MAÎTRE JACQUES.

Je vous connais déjà.

VALÈRE.

Vous voulez me rosser,
Dites-vous ?

MAÎTRE JACQUES.

En raillant, rien que pour nous gausser.

VALÈRE.

Et moi je ne prends point de goût à votre gausse ;

(donnant des coups de bâton à maître Jacques.)

Vous êtes un mauvais railleur, un gâte-sauce.

MAÎTRE JACQUES.

Un gâte-sauce ? Ah, ah !

(Valère sort.)

SCÈNE VI

MAÎTRE JACQUES, *seul.*

Foin de la vérité ;
C'est un métier de chien que la sincérité,
J'en ai le dos moulu ! Battre un poltron, le lâche !
Passe encor pour mon maître, et tant pis s'il se
Mais lui, lui !... Rira bien qui rira le dernier. [fâche,

(Il se promène en gesticulant.)

SCÈNE VII

FROSINE, MARIANE, MAÎTRE JACQUES.

FROSINE.

Le maître est-il céans, monsieur le cuisinier ?

MAÎTRE JACQUES

Il n'est que trop céans !

FROSINE.

Dites-lui que madame
L'attend dans ce salon.

MAITRE JACQUES, *en sortant.*

Gâte-sauce... l'infâme !

SCÈNE VIII

MARIANE, FROSINE.

MARIANE.

Ah ! que je suis, Frosine, en un étrange état !
Et dans ce rendez-vous que je crains un éclat !

FROSINE.

Quel est donc le malheur que redoutent vos [charmes ?

MARIANE.

Hélas ! figurez-vous les cruelles alarmes,
Le profond désespoir, impossible à cacher,
D'un cœur prêt au supplice où l'on veut l'atta- [cher !

FROSINE.

Je vois bien que ce cœur, pour mourir avec grâce,
Cherche un autre tourment qu'avec joie il em- [brasse ;
Et le jeune blondin, que vous m'avez décrit,
Un peu plus qu'il ne faut vous revient dans l'es- [prit.

MARIANE.

Je vous l'ai dit, Frosine, et pourquoi m'en dé- [fendre ?
Il m'inspire déjà l'intérêt le plus tendre ;
Les visites, les dons que sans cesse il nous fait,
Dans mon cœur, je l'avoue, ont produit quelque [effet.

FROSINE.

Mais savez-vous au moins quel il est ?

MARIANE.

Je l'ignore,
Mais il est fait d'un air qu'il faut bien qu'on l'adore ;
Que, si l'on remettait les choses à mon choix,
Mon cœur, sans balancer, se rendrait à ses lois :
Et que son souvenir n'est pas pour peu de chose
Dans l'horreur de l'hymen qu'Harpagon me pro- [pose.

FROSINE.

Mon Dieu, tous ces blondins ont assez d'agrément,
Et débitent fort bien leur petit compliment :
Mais la plupart sont gueux comme des rats d'église.
Il vaut bien mieux pour vous, croyez-en ma fran- [chise,
De prendre un vieux mari, donnant beaucoup de [bien,
Qu'un jeune damoiseau qui ne rapporte rien.
Les sens, ma belle enfant, n'en ayez pas de honte,
Du côté que je dis trouvent bien moins leur [compte ;
On risque d'essuyer quelques petits dégoûts
A perdre sa jeunesse avec un tel époux :
Mais ce mal passager dure autant que la cause,
Et sa mort a bientôt réparé toute chose.

MARIANE.

Mon Dieu ! Frosine, c'est un étrange embarras
Lorsqu'il faut de quelqu'un souhaiter le trépas,
Avant que d'achever de si longues épreuves !

FROSINE.

Oui-dà ! nous n'épousons que pour devenir veuves ;
Il serait insolent de vivre dans trois mois !

SCÈNE IX

LES MÊMES, HARPAGON, *avec des lunettes sur le nez.*

MARIANE, *bas à Frosine.*

Frosine, quel visage !

FROSINE.

Eh ! pardieu, je le vois !

HARPAGON *.

Ne vous offensez pas, ô ma toute gentille,
Si je vous considère avec cette lentille ;
Je sais que vos appas frappent assez les yeux,
Et d'autres, à l'œil nu, pourraient les voir bien [mieux ;
Mais enfin, de nos jours, c'est avec des lunettes
Qu'on observe les cieux et le cours des planètes :
Et quand je vous regarde avec ces appareils
Je vous proclame un astre, un astre sans pareils,
L'astre le plus charmant dans le pays des astres !

(*Il ôte ses lunettes.*)

Frosine pour mes feux je crains quelques dé- [sastres ;
Elle ne répond mot, et ne me semble avoir
Aucune émotion du bonheur de me voir.

FROSINE.

C'est qu'une jeune fille est souvent trop saisie
Pour témoigner d'abord toute sa fantaisie.

HARPAGON.

C'est juste, à sa pudeur il faut l'attribuer.

SCÈNE X

LES MÊMES, ÉLISE.

HARPAGON.

Voilà ma fille ! Approche et viens nous saluer.

MARIANE.

Je m'acquitte bien tard d'une telle visite,
Madame.

ÉLISE.

C'est pourtant plus que je ne mérite,
Madame.

HARPAGON, *à Mariane.*

Vous voyez qu'elle est grande à vingt ans ;
Mauvaise herbe est précoce et croît avant le temps.

MARIANE, *bas à Frosine.*

Oh ! l'homme déplaisant !

HARPAGON, *à Frosine.*

Que dit cette mignonne ?

FROSINE.

Qu'elle est folle de vous.

HARPAGON.

Adorable personne !
C'est beaucoup trop d'honneur pour moi.

MARIANE, *à part.*

Quel animal !

HARPAGON.

Je vous suis obligé !

MARIANE, *à part.*

Je vais me trouver mal...
Partons !

SCÈNE XI

LES MÊMES, CLEANTE, VALÈRE, BRINDAVOINE.

HARPAGON.

Voici mon fils ! Venez, que je vous montre ;
Faites la révérence.

MARIANE, *bas à Frosine.*

O ciel ! quelle rencontre !
C'est justement celui dont je vous ai parlé.

FROSINE, *bas à Mariane.*

C'est un coup merveilleux !

HARPAGON.

Votre esprit s'est troublé
De me voir ce grand fils, qui doit être le vôtre ;
Mais je serai bientôt défait de l'un et l'autre.

* Frosine, Mariane, Harpagon.

CLÉANTE, *à Mariane.*

Mon père, à dire vrai, ne m'a pas peu surpris,
Madame, en m'instruisant du dessein qu'il a pris.

MARIANE.

Je puis en dire autant; et mon âme égarée
A pareille aventure était peu préparée...
Frosine, soutiens-moi!

CLÉANTE.

Mon père, assurément,
Madame, ne pouvait faire un choix plus charmant;
Mais avec tout cela, je ne vous dirai guère
Que j'aime à vous donner le nom de belle-mère;
Le compliment serait trop pénible pour moi,
Et pour vous, ce beau nom m'inspire trop d'effroi.
Ce discours paraîtra brutal aux yeux des autres,
Mais je suis assuré qu'il est bon pour les vôtres;
Que vous n'ignorez pas, sachant ce que je suis,
Combien ce nœud fatal doit me causer d'ennuis:
Et que vous voudrez bien enfin que je vous dise,
Pourvu qu'à cet aveu mon père m'autorise,
Que si vos sentiments secondaient mes souhaits,
Cet hymen imprévu ne se ferait jamais!

HARPAGON.

Voilà, pour un beau-fils, un aveu bien farouche!
Il aurait mieux valu ne pas ouvrir la bouche.

MARIANE.

Et moi, de mon côté, je ne vous cache point
Que la chose à mes yeux est égale en tout point.
Hélas! je connais trop la répugnance amère
Qui s'attache toujours au nom de belle-mère;
Si ce nom peu flatteur vous cause des ennuis,
Je n'en aurais pas moins à vous voir mon beau-fils.
Mais je ne prétends pas vous donner cette crainte,
A moins qu'on ne m'y force en usant de contrainte;
Et pour vous rassurer, j'engage ici ma foi
De rompre cet hymen qui se fait malgré moi.

HARPAGON.

Bon! à sot compliment la réponse est de même.
(*A Mariane.*)
Veuillez lui pardonner son insolence extrême;
Ce n'est qu'un étourneau qui ne sait ce qu'il dit.

MARIANE.

Cet aveu ne l'a pas perdu dans mon esprit,
Au contraire, il me cause une joie assez forte;
J'aime à l'entendre faire un aveu de la sorte:
Et s'il avait parlé de toute autre façon,
Je l'en estimerais bien moins.

HARPAGON, *à part.*

Méchant garçon!
(*A Mariane.*)
C'est généreux à vous de pardonner ses fautes,
Et de les excuser par des raisons si hautes;
Vous verrez que le temps saura le corriger.

CLÉANTE.

Non, non! je ne suis point capable de changer,
Et je prie instamment madame de le croire.

HARPAGON.

Mais quel extravagant! voyez, il s'en fait gloire!

CLÉANTE.

Voulez-vous qu'à ses yeux je mente effrontément?

HARPAGON.

Encore! as-tu fini ton mauvais compliment!

CLÉANTE.

Hé bien! puisque l'on veut employer la menace,
Madame, souffrez donc que je prenne sa place*,
Et que je vous avoue, aux yeux de votre époux,
Que je ne connais rien de si charmant que vous,
Et ne vois rien d'égal au bonheur de vous plaire,
Pas même le destin des princes de la terre!
Oui, madame, il n'est pas au monde de pouvoir
Que je ne puisse vaincre avec un tel espoir
Dont...

HARPAGON *.

Doucement, mon fils, quelle sotte harangue!

CLÉANTE.

Je la faisais pour vous.

HARPAGON.

J'ai pourtant une langue
Pour m'expliquer moi-même; et je n'ai pas besoin
D'un pareil procureur, que diable!... Il va trop loin.
(*A Brindavoine.*)
Des siéges.

FROSINE.

Il vaut mieux, si vous voulez m'en croire,
Que de ce pas, monsieur, nous allions à la foire,
Afin d'en revenir à l'heure du souper,
Et d'avoir tout le temps de nous en occuper.

HARPAGON.

L'avis me paraît sage... Eh bien! que l'on attelle
Mes chevaux au carrosse.

(*Brindavoine sort.*)

SCÈNE XII

LES MÊMES, *moins* BRINDAVOINE.

HARPAGON, *à Mariane.*

Excusez-moi, ma belle,
Si je n'ai pas songé, pour cette occasion,
A vous faire donner quelque collation.

CLÉANTE **.

On a pourvu, mon père, à ce qui vous chagrine;
J'ai là quelques bassins d'oranges de la Chine,
Des cédrats que j'ai fait quérir de votre part.

HARPAGON, *bas à Valère.*

Valère!

VALÈRE, *bas à Harpagon.*

Il a perdu le sens.

CLÉANTE.

Si, par hasard,
Vous trouvez que c'est peu, mon zèle était sincère;
Excusez-moi, madame.

MARIANE.

Il n'est pas nécessaire:
Je vous sais gré, monsieur, de ce soin attentif.

CLÉANTE.

Avez-vous vu, madame, un diamant plus vif?
Mon père l'a payé mille écus de sa poche.

FROSINE.

Il doit valoir le double.

CLÉANTE, *ôtant du doigt de son père le diamant, et le donnant à Mariane.*

Un bijou sans reproche.
Il faut le voir de près. Mais regardez un peu!

MARIANNE.

Il est vraiment superbe et jette un fort beau feu.

CLÉANTE, *se mettant au-devant de Mariane qui veut rendre le diamant.*

Il est en bonnes mains. Son maître est, je l'espère,
Heureux de vous l'offrir.

* Frosine, Mariane, Cléante, Harpagon.

* Frosine, Mariane, Harpagon, Cléante.
** Frosine, Mariane, Cléante, Harpagon, Valère, Élise.

HARPAGON.

Moi ?

CLÉANTE.

N'est-ce pas, mon père,
Que vous voulez, usant de votre droit d'époux,
Que madame le garde en souvenir de vous ?

HARPAGON, *bas à son fils.*

Comment ?

CLÉANTE, *à Mariane.*

Belle demande ! il m'enjoint par un signe
De vous le mettre au doigt, si vous l'en jugez digne.

MARIANE.

Je ne puis...

CLÉANTE.

Le lui rendre ? Il en serait confus !

HARPAGON, *à part.*

J'enrage !

MARIANE.

Ce serait...

CLÉANTE, *empêchant toujours Mariane de rendre le diamant.*

L'offenser d'un refus !

MARIANE.

De grâce...

CLÉANTE.

Point du tout.

HARPAGON, *à part.*

Peste soit !

CLÉANTE.

Lorsqu'il l'ôte
Il ne peut le remettre.

HARPAGON.

Ah ! traître !

CLÉANTE.

Est-ce ma faute ?
Je fais ce que je puis pour le faire accepter,
Mais madame s'obstine et je n'ose insister.

HARPAGON, *bas à son fils, avec emportement.*

Pendard !

CLÉANTE, *à Mariane.*

Vous le voyez, c'est pour vous qu'il me gronde.

HARPAGON, *bas à son fils, avec les mêmes gestes.*

Le coquin !

CLÉANTE, *à Mariane.*

Il en est le plus jaloux du monde ;
Vous le rendrez malade. Il aura des soupçons
Sur votre attachement.

FROSINE, *à Mariane.*

Mon Dieu ! que de façons !
Prenez le diamant ; tel qui reçoit oblige !

MARIANE.

Pour ne point vous fâcher, puisque monsieur [l'exige,
Je le garde à présent ; je le rendrai plus tard.

SCÈNE XIII

LES MÊMES, BRINDAVOINE.

BRINDAVOINE, *à Harpagon.*

Monsieur, un homme est là qui vous demande à part.

HARPAGON.

Je n'y suis pas...

BRINDAVOINE.

Mais c'est de l'argent qu'il apporte.

HARPAGON.

J'y suis ! Il ne faut pas le laisser à la porte.

SCÈNE XIV

LES MÊMES, LAMERLUCHE.

LAMERLUCHE, *accourant, et faisant tomber Harpagon.*

Monsieur...

HARPAGON.

Ah ! je suis mort !

CLÉANTE, *aidant Harpagon à se relever.*

Quoi ? mon père...

(*Brindavoine aide aussi Lamerluche à se relever.*)

HARPAGON.

Ce fou
A reçu de l'argent pour me rompre le cou !

VALÈRE, *à Harpagon.*

Cela ne sera rien.

LAMERLUCHE.

Cette porte maudite !

HARPAGON.

Qui t'a payé, bourreau, pour courir aussi vite ?

LAMERLUCHE.

C'est qu'il nous manque...

HARPAGON.

Quoi ?

LAMERLUCHE.

Quatre fers par cheval !

HARPAGON.

Hé bien ! pour les ferrer, cours chez le maréchal
Ferrant.

(*Lamerluche et Brindavoine sortent.*)

SCÈNE XV

LES MÊMES, *moins* LAMERLUCHE *et* BRINDAVOINE.

CLÉANTE.

En attendant que cet homme les ferre,
Si vous le permettez, mesdames, je vais faire
Les honneurs du jardin et de ce pavillon,
Où je ferai porter notre collation.

(*Il sort avec Mariane, Elise et Frosine.*)

HARPAGON.

Valère, aie un peu l'œil à cela, je te prie ;
Prends soin de m'en sauver quelque pâtisserie,
Pour pouvoir au marchand demain le retourner.

(*S'appuyant sur Valère.*)

O fils impertinent ! veux-tu me ruiner ?

FIN DU TROISIÈME ACTE.

ACTE QUATRIÈME

SCÈNE PREMIÈRE

FROSINE, MARIANE, CLÉANTE, ÉLISE.

CLÉANTE.

Ici, personne au moins ne pourra nous surprendre;
Rentrons.

ÉLISE.

On vient, madame, aujourd'hui de m'apprendre
L'amoureux sentiment que mon frère a pour vous.
Je sais les déplaisirs et les chagrins jaloux
Qu'éprouve un noble cœur, en perdant ce qu'il aime;
Et c'est, je vous assure, avec un zèle extrême
Que le mien s'intéresse au succès de vos feux.

MARIANE.

Lorsque la destinée a trahi tous nos vœux,
Qu'une telle amitié console nos alarmes!
Je viens vous supplier, madame, avec des larmes,
De me garder toujours cet intérêt du cœur
Qui, de notre infortune, adoucit la rigueur.

FROSINE.

Vous êtes, par ma foi, de grandes malheureuses
De m'avoir pu céler vos flammes amoureuses!
Je vous aurais bientôt détourné cet ennui,
Et les choses pour vous iraient mieux qu'aujourd'hui!

CLÉANTE.

Que veux-tu? c'est le sort cruel qui me condamne
A gémir en secret. Mais, belle Mariane,
Qu'avez-vous résolu pour que nous agissions?

MARIANE.

Hélas! vous me parlez de résolutions?
Mais dans la dépendance où je me vois réduite,
Je n'ai que des souhaits pour régler ma conduite!

CLÉANTE.

*Hé quoi! pour détourner ces liens que je hais,
Point d'autre appui pour moi que de simples souhaits?
Point d'utiles secours? point de constance active?
De zèle officieux? de tendresse effective?

MARIANE.

Que vous dirai-je encor? Voyez ce que je puis,
Et pour nos sentiments cherchez d'autres appuis.
Avisez, ordonnez vous-même, le temps presse;
Je m'en remets à vous du soin de ma tendresse,
Et vous crois trop sensé pour vouloir à mon cœur
Imposer d'autres lois que celles de l'honneur.

CLÉANTE.

Où donc réduisez-vous ma tendresse, madame,
Que de me renvoyer, dans la crainte du blâme,
Aux fâcheux sentiments d'un rigoureux devoir,
Et de l'honneur jaloux, qui trahit mon espoir!

MARIANE.

Hélas! quand je pourrais oublier l'honneur même,
Dois-je oublier, pour vous, une mère que j'aime?
Après tous les bienfaits que j'en reçois toujours,
Saurai-je me résoudre au malheur de ses jours?
Agissez auprès d'elle, employez votre empire
A gagner son esprit; vous pouvez faire et dire
Tout ce que vous voudrez, autant et plus que moi,
Je m'abandonne à vous : et j'engage ma foi,
S'il faut, par un aveu, me déclarer moi-même,
A lui faire connaître, enfin, que je vous aime!*

CLÉANTE.

Frosine, toi du moins, veux-tu nous seconder,
Nous servir?...

FROSINE.

Par ma foi, faut-il le demander?
Vous savez quel motif près de vous me ramène,
Que de mon naturel je suis assez humaine;
Le ciel ne m'a point fait une âme de rocher :
Je ne suis que trop prompte à me laisser toucher
Par un couple d'amants affligés, qui s'entr'aime
En tout bien, tout honneur, et d'un amour extrême.
Voyons, que pourrions-nous faire en des cas pareils?

CLÉANTE.

Songe un peu, par pitié.

MARIANE.

Donne-nous tes conseils.

ÉLISE.

*Trouve une invention, quelque petit mensonge,
Pour rompre cet hymen.

FROSINE.

Vous voyez que j'y songe!
(A Mariane.)
Votre mère n'est pas sans raison tout à fait;
Peut-être pourrait-on la résoudre, en effet,
A transporter au fils le don fait à son père.
(A Cléante.)
Mais le mal que j'y trouve et qui me désespère
Pour enlever madame à l'auteur de vos jours,
C'est qu'il est votre père; et qu'un père est toujours
Père, et ne saurait être autre chose qu'un père.

CLÉANTE.

Cela s'entend.

FROSINE.

Pour peu qu'il vous trouve contraire
A ses projets sur elle, il aura trop d'humeur
Pour serrer ces doux nœuds qui font votre bonheur.
Il faudrait un refus, mais qui vînt de lui-même,
Le dégoûter de vous par quelque stratagème.

CLÉANTE.

Oui, Frosine a raison.

FROSINE.

Pardieu, je le sais bien!
Le diantre est seulement d'en trouver le moyen.
Attendez! Si j'avais quelque vieille commère
Qui fût de mon talent, pour pouvoir contrefaire,
Par le moyen d'un train, à la hâte inventé,
La veuve d'un marquis, dame de qualité,
Que nous supposerions de la basse Bretagne;
J'aurais assez d'adresse, avec cette compagne,
Pour faire accroire à tous, sans crainte de soupçons,
Que c'est une beauté riche, outre ses maisons,
De deux cent mille écus en bon argent de France :
Surtout, à votre père inculquer l'assurance
Qu'elle est de sa personne éprise éperdûment,
Au point de lui donner son bien par testament.
Et je ne doute pas qu'il n'y prête l'oreille;
Car il vous aime enfin d'une ardeur sans pareille,
Mais un peu plus l'argent; et quand de son aveu
Vous seriez fiancés, il importerait peu
Qu'il se désabusât de la fortune acquise,
En venant à voir clair au train de sa marquise.

CLÉANTE.
C'est fort bien inventé !
FROSINE.
J'ai peut-être, en effet,
Une commère, à moi, qui sera notre fait.*
CLÉANTE.
Sois assurée, au moins, de ma reconnaissance,
Frosine, si tu crois la chose en ta puissance.
Mais, belle Mariane, essayons tout d'abord
De fléchir votre mère, et d'un commun effort [faire
Empêchons cet hymen : c'est toujours beaucoup
Que de gagner du temps pour conclure une affaire.
*Servez-vous du pouvoir que donne sur un cœur
Son amitié pour vous. Déployez cette ardeur,
Ce charme souverain qui séduit et qui touche,
Dont le ciel a doté vos yeux et votre bouche ;*
Surtout, n'oubliez rien de ces tendres accents,
Des soins respectueux, des propos caressants,
A qui l'on ne saurait refuser rien au monde.
MARIANE.
J'y ferai mon possible.
FROSINE.
Et que Dieu vous seconde !
(Cléante baise la main de Mariane.)

SCÈNE II

FROSINE, MARIANE, HARPAGON, CLÉANTE, ÉLISE.

HARPAGON, *à part, sans être aperçu.*
Ouais ! monsieur mon fils qui lui donne un baiser !
Et la friponne est loin de s'en formaliser !
(A haute voix et s'approchant.)
Le carrosse est tout prêt !
MARIANE.
Ciel !
CLÉANTE.
Bon ! voilà mon père !
HARPAGON.
Et vous pouvez partir...
(A part.)
J'appréhende un mystère !
CLÉANTE.
Puisque vous n'allez pas, j'y vais...
HARPAGON.
Non, demeurez...
Elles iront sans nous.
MARIANE.
Allons !
HARPAGON.
Quand vous voudrez.
(Mariane, Élise et Frosine sortent.)

SCÈNE III

HARPAGON, CLÉANTE.

HARPAGON.
Intérêt de beau-fils à part, causons ensemble
De ma future épouse ; et dis-moi, que t'en semble ?
CLÉANTE.
A moi ? ce qui m'en semble ?
HARPAGON.
Oui, de son air charmant,
Sa taille, sa beauté...
CLÉANTE.
Là, là !
HARPAGON.
Mais...
CLÉANTE.
Franchement,
Je la croyais parfaite, et ce n'est qu'une ébauche.
Son air ? évaporé ; sa tournure ? assez gauche ;
Sa beauté ? médiocre ; et son esprit ? commun.
Je ne dis pas cela pour vous être importun
Ni vous en dégoûter ; marâtre pour marâtre,
J'aime autant celle-ci.
HARPAGON.
Quel ton acariâtre !
Tu lui disais pourtant...
CLÉANTE.
Moi ? rien ! quelques fadeurs ;
Mais c'était pour vous plaire et servir vos ardeurs.
HARPAGON.
Si bien que tu n'aurais aucun penchant pour elle ?
CLÉANTE.
Aucun !
HARPAGON.
J'en suis fâché ; sans te chercher querelle,
J'avais une pensée en la voyant ici...
J'ai rêvé sur mon âge et sur le tien aussi.
Enfin, j'ouvre les yeux et je me rends justice ;
C'est faire à ses beautés un triste sacrifice
Que de lui présenter, en lui donnant ma foi,
Tout l'âge et les enfants que je traîne après moi.
Si ton cœur n'eût montré cette haine jalouse,
Je te l'aurais donnée à l'instant pour épouse...
CLÉANTE.
Vous ?
HARPAGON.
Oui.
CLÉANTE.
Quoi ! tout de bon ?
HARPAGON.
Tout de bon.
CLÉANTE.
Après tout,
Mariane, il est vrai, n'est pas fort à mon goût ;
Mais si vous y tenez, pour vous rendre service,
Je veux bien me résoudre à ce grand sacrifice.
HARPAGON.
Je ne veux pas forcer ton inclination.
CLÉANTE.
Je ferai cet effort pour votre affection.
HARPAGON.
Sans amour, il n'est point de bonheur en ménage.
CLÉANTE.
L'amour vrai fut souvent le fruit du mariage.
HARPAGON.
Non ! du côté de l'homme on ne doit pas risquer
Certains désagréments qui ne sauraient manquer.
Si ton âme eût senti quelque peu de tendresse,
A la bonne heure, un fils vaut bien une maîtresse ;
Mais cela n'étant pas, je garde mes bienfaits,
Et je l'épouserai, quels qu'en soient les effets.
CLÉANTE.
Puisqu'il en est ainsi, libre enfin de contrainte,
Je puis vous révéler notre secret sans feinte ;
Voici la vérité : j'aime depuis le jour
Que je vis Mariane au jardin de la cour ;
Et rien n'a retenu cet aveu de ma flamme,
Sinon le juste effroi d'encourir votre blâme.

HARPAGON.

L'avez-vous visitée ?

CLÉANTE.

Oui, mon père, souvent !

HARPAGON.

Vous a-t-on bien reçu ? diantre !

CLÉANTE.

Oui, mon père ; avant
De savoir qui j'étais : si je l'ai bien comprise,
C'est même ce qui vient de causer sa surprise.

HARPAGON.

Avez-vous déclaré dans quelque occasion
Vos projets d'alliance et votre passion ?

CLÉANTE.

Oui, mon père ; à sa mère, avant cette aventure,
J'en avais déjà fait quelque peu d'ouverture.

HARPAGON.

L'on t'écoute ?

CLÉANTE.

Oui, mon père, et fort civilement.

HARPAGON.

La fille répond-elle à votre sentiment ?

CLÉANTE.

Oui, mon père ; et je crois, selon toute apparence,
Qu'elle ne me voit pas avec indifférence.

HARPAGON, *à part.*

Je suis aise d'avoir appris de tels secrets,
Et voilà justement ce que je désirais.
(*Haut.*)
Çà, mon fils, savez-vous ce que veut votre père ?
C'est qu'il faut, s'il vous plaît, songer à vous défaire
De votre amour ; cesser votre importun emploi
Auprès d'une beauté, que je prétends pour moi :
Vous allez épouser celle qu'on vous destine.

CLÉANTE.

Moi, mon père ! est-ce ainsi, pour Dieu ! qu'on m'as-
[sassine ?
Hé bien ! puisque la chose est venue à ce point,
Je vous déclare, moi, que je ne prétends point
Quitter la passion que j'ai pour Mariane ;
Qu'à toutes vos rigueurs, enfin, je me condamne,
Pour vous la disputer : si vous avez la loi,
J'aurai d'autres secours qui combattront pour moi.

HARPAGON.

Oses-tu bien, pendard, aller sur mes brisées ?

CLÉANTE.

Pensez-vous me contraindre à changer mes visées ?

HARPAGON.

N'ai-je pas, fils ingrat, des droits à ton respect ?

CLÉANTE.

Mon droit seul est certain ; et le vôtre est suspect !

HARPAGON.

Avec un bon bâton je te le fais connaître !

CLÉANTE.

Vous menacez en vain, le cœur n'a pas de maître !

HARPAGON.

Veux-tu bien renoncer à Mariane ?

CLÉANTE.

Non !

HARPAGON.

Donnez-moi tout à l'heure un bâton ! un bâton !

SCÈNE IV

HARPAGON, MAÎTRE JACQUES, CLÉANTE.

MAÎTRE JACQUES.

Hé, hé, hé ! qu'est ceci ? messieurs, de la prudence
De grâce !

HARPAGON.

Me parler avec cette impudence !

CLÉANTE.

Je m'en moque !

MAÎTRE JACQUES.

Ah ! monsieur !

HARPAGON.

Laisse-moi faire.

MAÎTRE JACQUES.

Eh quoi !
N'est-ce pas votre fils ? encor passe pour moi !

CLÉANTE.

Je n'en démordrai point.

MAÎTRE JACQUES.

N'est-ce point votre père ?

HARPAGON.

Je te veux faire ici juge de cette affaire,
Pour montrer comme quoi j'ai raison.

MAÎTRE JACQUES.

J'y consens.
(*A Cléante.*) (*A part.*)
Éloignez-vous, monsieur. Ils ont perdu le sens !

HARPAGON.

J'aime une jeune fille ; et ce traître a l'audace
De l'aimer avec moi, d'y prétendre à ma place.

MAÎTRE JACQUES.

Il a tort.

HARPAGON.

N'est-ce pas une chose sans nom
Qu'un fils que je nourris, le fils de la maison,
Veuille avec moi, son père, entrer en concurrence ?
Et ne devrait-il pas, au moins, par déférence,
S'abstenir de toucher...

MAÎTRE JACQUES.

Très-bien. Demeurez là !

CLÉANTE, *à maître Jacques qui s'approche de lui.*

Hé bien ! puisqu'il te veut faire juge en cela,
Je n'y recule point. D'ailleurs, je m'en rapporte
A maître Jacque ou bien au diable, peu m'importe !

MAÎTRE JACQUES.

Bien obligé, monsieur, d'un honneur aussi grand.

CLÉANTE.

Voici quel est l'objet de notre différend :
Je suis épris, vois-tu, d'une jeune personne
Qui répond à l'espoir où mon cœur s'abandonne ;
Et mon père s'avise, en troublant notre amour,
De l'épouser lui-même, à mes yeux, en plein
[jour !

MAÎTRE JACQUES.

Il a grand tort.

CLÉANTE.

N'a-t-il point de honte, à son âge,
De vouloir, lui barbon, se remettre en ménage ?
Lui sied-il bien d'aimer ? et ne devrait-il pas
Laisser aux jeunes gens de pareils embarras ?

MAÎTRE JACQUES.

Laissez-moi lui parler ; sa tête se dérange !
(*A Harpagon.*)
Hé bien ! non, votre fils n'est pas si fort étrange
Que vous voulez le dire : il entendra raison,
Et saura se soumettre au chef de la maison.
Connaissant le respect qu'un fils doit à son père,
Il se résigne à tout. Seulement il espère

Que de votre côté vous en ferez autant;
Qu'il fasse un choix sortable, et vous serez con- [tent.

HARPAGON.

Dis-lui que, moyennant cette métamorphose,
Il pourra, de mon cœur, espérer toute chose;
Et que, hors Mariane, il est libre, à son tour,
De choisir, à son gré, l'objet de son amour.

MAÎTRE JACQUES.

(*A Cléante.*)
Hors Mariane? soit! Hé bien! mais, votre père
N'est pas si malappris que vous voulez le faire;
Car il m'a témoigné que vos transports jaloux
Ont seuls troublé sa tête, et l'ont mis en courroux.
Il dit qu'à vos souhaits il est prêt à se rendre,
Pourvu qu'avec douceur vous sachiez vous y pren- [dre,
En lui montrant le zèle et la soumission
Qu'un fils doit à son père en toute occasion.

CLÉANTE.

Maître Jacques, dis-lui qu'aux termes où nous [sommes,
Il me verra toujours le plus soumis des hommes,
Et que, jusqu'au trépas bénissant ses bontés,
Je ne ferai plus rien que par ses volontés.

MAÎTRE JACQUES, *à Harpagon.*

A merveille! il consent à tout ce que vous dites.

HARPAGON.

Tout va donc pour le mieux.

MAÎTRE JACQUES, *à Cléante.*

Vous en verrez les suites.

CLÉANTE.

Le ciel en soit loué!

MAÎTRE JACQUES.

Vous n'avez qu'à parler,
Et vous alliez tous deux, sans moi, vous quereller,
Comme deux médecins, faute de vous entendre.

CLÉANTE.

C'est un service heureux que tu viens de nous [rendre!

HARPAGON.

Tu m'as fait grand plaisir, maître Jacques, ma foi!

CLÉANTE.

Que d'obligations!

MAÎTRE JACQUES.

Vous n'avez pas de quoi.

HARPAGON.

Cet accommodement mérite récompense!
(*Harpagon fouille dans sa poche; maître Jacques tend la main, mais Harpagon ne tire que son mouchoir, en disant :*)
Je m'en souviendrai bien, va!

MAÎTRE JACQUES.

Je vous en dispense,
Et vous baise les mains.

(*Il sort.*)

SCÈNE V

HARPAGON, CLÉANTE

CLÉANTE.

Ah! mon père, pardon!

HARPAGON.

Cela n'est rien; j'excuse un moment d'abandon.

CLÉANTE.

Je vous dis que j'en ai tous les regrets du monde.

HARPAGON.

Du plaisir que je sens que mon cœur te réponde.

CLÉANTE.

Quelle clémence à vous d'oublier mes transports!

HARPAGON.

On pardonne aux enfants qui regrettent leurs torts.

CLÉANTE.

Quoi! nul ressentiment de mes extravagances?

HARPAGON.

Tu m'y contrains toi-même et tu m'en récompenses.

CLÉANTE.

Je vous fais le serment que, jusques au tombeau,
Mon cœur se souviendra de cet accord si beau.

HARPAGON.

Et moi, je te promets qu'il n'est rien sur la terre
Que ta soumission n'obtienne de ton père.

CLÉANTE.

C'est assez me donner que le consentement
A me voir épouser Mariane.

HARPAGON.

Comment?

CLÉANTE.

Je dis que ce bienfait, je l'accepte avec joie;
Que dans l'heureux transport où mon âme se noie,
Je bénis cet excès de générosité
Qui promet Mariane à ma fidélité.

HARPAGON.

Voyons, qui diantre ici te promet Mariane?

CLÉANTE.

Vous-même!

HARPAGON.

Moi?

CLÉANTE.

Sans doute.

HARPAGON.

Il est fou, Dieu me damne!
Comment, n'est-ce pas toi qui viens d'y renoncer?

CLÉANTE.

Y renoncer, moi?

HARPAGON.

Toi.

CLÉANTE.

Pouvez-vous le penser?

HARPAGON.

Tu ne t'es pas encor départi d'y prétendre?

CLÉANTE.

Au contraire, je l'aime et ne veux rien entendre.

HARPAGON.

Quoi! pendard, derechef?

CLÉANTE.

Rien ne peut me changer!

HARPAGON.

Traître! je t'ôterai le boire et le manger!

CLÉANTE.

Soit!

HARPAGON.

Je te déshérite!

CLÉANTE.

Allez!

HARPAGON.

Je t'abandonne!

CLÉANTE.

Abandonnez.

HARPAGON.

Pendard! Je te chasse et te donne
Ma malédiction!

(*Il sort.*

CLÉANTE.

Gardez vos dons pour vous.

SCÈNE VI

LA FLÈCHE, CLÉANTE.

LA FLÈCHE, *sortant du jardin avec une cassette.*
Ah ! monsieur ! je vous trouve à propos. Sauvons-[nous !
Venez vite !

CLÉANTE.
Quoi donc ? es-tu pris de vertige ?
Es-tu fou ?

LA FLÈCHE.
Que non pas ! Mais suivez-moi, vous dis-je !
Nous sommes bien.

CLÉANTE.
Comment ?

LA FLÈCHE.
C'est votre affaire.

CLÉANTE.
Quoi ?

LA FLÈCHE.
J'ai guigné tout le jour ceci.

CLÉANTE.
Qu'est-ce ?

LA FLÈCHE.
Ma foi,
C'est le trésor.

CLÉANTE.
Comment as-tu fait, je te prie ?

LA FLÈCHE.
Vous saurez tout. Fuyons ! car je l'entends qui crie.
(*Cléante et La Flèche se sauvent.*)

SCÈNE VII

HARPAGON, *seul, criant au voleur dès le jardin.*

Au voleur ! au voleur ! au meurtre ! à l'assassin !
Justice, juste ciel ! On m'a percé le sein !
On m'égorge ! on m'a pris mon argent ! Qui [peut-ce être ?
Où ? Qu'est-il devenu ? Comment trouver le traître ?
Où courir ? Où ne pas courir ? N'est-il point là ?
N'est-il point ici ? Qu'est-ce ? Arrête ! le voilà !
(*A lui-même, se prenant le bras.*)
Rends-moi l'argent, coquin... Ah ! c'est moi ! Je [me trouble,
J'ignore qui je suis, où je suis, j'y vois double...
Mon argent ! mon argent ! hélas ! mon pauvre [argent !
Mon cher ami ! Plutôt mourir qu'être indigent !
On m'a privé de toi, ma cassette si chère ;
C'en est fait, je me meurs, je suis mort, l'on [m'enterre !...
N'est-il personne ici qui me rende le jour
En me rendant mon bien, mon argent, mon [amour ?
En m'apprenant du moins qui l'a pris ? Euh ! de [grâce,
Que dites-vous ? Ce n'est personne... aucune trace !
Quiconque a fait le coup, il faut que l'on ait pris
Le temps que je parlais à mon traître de fils.
Sortons ! je veux aller requérir la justice,
Mettre à la question la cuisine et l'office,
Servantes et valets, et fils, et fille, et moi...
Que de gens assemblés ! Quelle foule en émoi !
Je ne jette mes yeux désormais sur personne
Qui ne soit mon voleur ; oui ! tous, je vous soup-[çonne
D'avoir pris mon argent. Hé ! que parle-t-on là ?
Quel bruit fait-on là-haut ? Est-ce lui que voilà ?
De grâce ! si l'on sait des nouvelles du traître,
Que l'on m'en dise ! Eh ! quoi ? ce n'est pas vous, [peut-être ?
Ils se mettent à rire, et chacun m'est suspect.
Vous verrez qu'ils ont part au vol que l'on m'a fait !
Allons, vite ! un procès, des juges, des sentences,
Des archers, des prévôts, des gênes, des potences,
Et des bourreaux ! Je veux commander les ap-[prêts,
Pour pendre tout le monde, et moi, moi-même [après !

ACTE CINQUIÈME

SCÈNE PREMIÈRE

HARPAGON, UN COMMISSAIRE.

HARPAGON.
Monsieur, on m'a volé !

LE COMMISSAIRE.
Fort bien ! je suis habile
A découvrir les vols qui se font par la ville ;
Puissé-je avoir autant de sacs de mille francs
Que, par les gens du roi, j'ai fait pendre de gens !

HARPAGON.
Oui, tous les magistrats ont intérêt à faire
De ce vol sacrilége une importante affaire ;
Et si l'on ne me fait retrouver mon argent,
Si l'on n'a pas pitié d'un vieillard indigent,
Hé bien ! j'assignerai la justice en justice.

LE COMMISSAIRE.
Instrumentons d'abord. Recueillons tout indice,
Cherchons tout document au sujet du voleur.
Quelle était bien, monsieur, la susdite valeur ?

HARPAGON.
Dix mille écus comptés !

LE COMMISSAIRE.
Dix mille écus ?

HARPAGON.
Dix mille !

LE COMMISSAIRE.
Diable ! l'affaire est grave autant que difficile !

HARPAGON.
Il n'est point de supplice assez grand, en effet,
Contre l'énormité d'un semblable méfait ;
S'il demeure impuni, les choses les plus saintes
De ces jurés filous subiront les atteintes :
Et le trésor public n'est plus en sûreté !

LE COMMISSAIRE.
Était-ce argent frappé, sans curiosité ?

HARPAGON.
De l'or bien trébuchant, que le ciel les confonde !

LE COMMISSAIRE.
Et qui soupçonnez-vous de ce vol ?

HARPAGON.

Tout le monde !
Oui, vraiment ; et je veux, avec votre secours,
Faire mettre en prison la ville et les faubourgs.

LE COMMISSAIRE.

Il faudrait pour Paris une prison bien grande ;
Mieux vaut suivre, sous main, tous les chefs de la [bande,
Afin de procéder après, par la rigueur,
A recouvrer vos fonds. J'y mettrai tout mon cœur.

SCÈNE II

LES MÊMES, MAÎTRE JACQUES, *au fond d'abord.*

MAÎTRE JACQUES, *se retournant du côté par lequel il est entré.*

Je m'en vais revenir. Qu'on l'égorge sur l'heure,
Qu'on lui mette les pieds à griller dans du beurre,
A l'eau bouillante ensuite il faut me l'écorcher,
Et puis, la tête en bas, me le pendre au plancher.

HARPAGON.

Le pendre ! Oui, mon voleur ; n'est-ce pas, maître [Jacques?

MAÎTRE JACQUES.

C'est le cochon de lait, monsieur, né d'avant Pâ- [ques,
Que votre factoton vient de nous envoyer,
Et sur qui mes talents sauront se déployer.

HARPAGON.

Il n'est pas question de cela ; peu m'importe !
Et monsieur te fera parler d'une autre sorte.

LE COMMISSAIRE, *à maître Jacques.*

Ne vous effrayez point. Nommez le ravisseur,
Et les choses, pour vous, iront dans la douceur.

MAÎTRE JACQUES, *à Harpagon.*

Monsieur est du souper?

LE COMMISSAIRE.

Du souper ! j'en veux être ;
Mais avant, il vous faut tout dire à votre maître.

MAÎTRE JACQUES.

Ma foi, mon cher monsieur, tantôt je montrerai
Tout ce que je sais faire ; et je vous traiterai
Du mieux que je pourrai.

HARPAGON.

Ce n'est pas là l'affaire.

MAÎTRE JACQUES.

Si je ne vous fais pas une aussi bonne chère
Que je voudrais, avec ledit cochon de lait,
C'est la faute à monsieur votre premier valet
Qui voudrait voir tomber les ailes du génie,
Sous les ciseaux mesquins de sa parcimonie.

HARPAGON.

Traître ! il ne s'agit pas ici que du souper ;
Il s'agit de l'argent qu'on vient de m'attraper.

MAÎTRE JACQUES.

On vous prit de l'argent ?

HARPAGON.

Et je te ferai pendre,
Si toi-même, à l'instant, tu ne viens me le rendre !

LE COMMISSAIRE, *à Harpagon* *.

Ne le maltraitez point. A son air engageant,
Je vois qu'il se dispose à vous rendre l'argent
En serviteur honnête, et sans se faire mettre
En prison, pour le vol qui vient de se commettre.
(*A maître Jacques.*)
Oui, mon ami, parlez, ne craignez aucun mal,
Monsieur vous paira bien ce service loyal ;

* Harpagon, le Commissaire, Maître Jacques.

C'est un vol important que l'on vient de lui faire :
Vous devez bien connaître un peu de cette affaire?

MAÎTRE JACQUES, *à part.*

Hé ! pour me bien venger, voilà ce qu'il me faut ;
J'ai sur le cœur les coups de bâton de tantôt !

HARPAGON.

Qu'a-t-il à ruminer ?

LE COMMISSAIRE.

Qu'il vous rendra la somme,
Et je vous ai bien dit qu'il était honnête homme.

MAÎTRE JACQUES, *à Harpagon.* *

Monsieur, si vous voulez que je vous dise tout,
C'est ce cher intendant qui vous a fait le coup.

HARPAGON.

Valère ?

MAÎTRE JACQUES.

Oui.

HARPAGON.

Lui ! Valère ? il paraît si fidèle !

MAÎTRE JACQUES.

Lui-même ! des valets un si parfait modèle !

HARPAGON.

Et sur quoi le crois-tu ?

MAÎTRE JACQUES.

Sur quoi ?

HARPAGON.

Là...

MAÎTRE JACQUES.

Je le crois...
Sur ce que je le crois.

LE COMMISSAIRE.

Mais il faut quelques droits
Pour pouvoir l'inculper ; produisez les indices,
Les preuves du délit : nommez tous les complices.

HARPAGON.

L'aurais-tu vu rôder près de mon argent ?

MAÎTRE JACQUES.

Oui.

Mais, où donc était-il ?

HARPAGON.

Je l'avais enfoui
Tout au fond du jardin.

MAÎTRE JACQUES.

Le soir il y circule.

HARPAGON.

Le drôle !

MAÎTRE JACQUES.

Et dans quoi donc gisait votre pécule ?

HARPAGON.

Mais dans une cassette.

MAÎTRE JACQUES.

Eh ! j'ai vu justement
Une cassette en fer dans son appartement.

HARPAGON.

Une cassette en fer ! Comment est-elle faite ?

MAÎTRE JACQUES.

Comment elle est faite ?

HARPAGON.

Oui.

MAÎTRE JACQUES.

Mais, comme une cassette.

LE COMMISSAIRE.

Cela s'entend. Voyons, sa forme, sa couleur?

MAÎTRE JACQUES.

Une grande cassette.

* Harpagon, Maître Jacques, le Commissaire.

HARPAGON.

Et la mienne, ô douleur!
Est petite.

MAÎTRE JACQUES.

Petite?

HARPAGON.

Oui, très-petite.

MAITRE JACQUES, *à part.*

Diable!

(*Haut.*)
Petite, si l'on veut, pour vous être agréable,
Mais grande selon moi pour ce qu'elle contient.

LE COMMISSAIRE.

Et de quelle couleur était-elle?

MAÎTRE JACQUES, *à part.*

Il y tient.

(*Haut.*)
De quelle couleur?

LE COMMISSAIRE.

Oui.

MAÎTRE JACQUES.

Couleur claire... ou foncée...
Ne sauriez-vous m'aider à rendre ma pensée?

HARPAGON.

Euh?

MAÎTRE JACQUES.

N'est-elle pas rouge?

HARPAGON.

Eh non! grise!

MAÎTRE JACQUES.

Voilà;
C'est ce que je disais! gris-rouge : c'est cela!

HARPAGON.

Je n'ai plus aucun doute. Assurément c'est elle!
(*Au Commissaire.*)
Écrivez donc, monsieur, sa mémoire est fidèle!
Le fait est à présent bien acquis aux débats.
Ciel! à qui se fier?... Mais vous n'écrivez pas!
(*Le Commissaire va s'asseoir devant une table.*)
Il ne faut plus jurer de rien; et sans blasphème
Je suis homme, je crois, à me voler moi-même!

MAÎTRE JACQUES, *à Harpagon* *.

Il vient! mais n'allez pas dire à ce monsieur-là
Que c'est moi qui vous ai découvert tout cela.

SCÈNE III

LES MÊMES, VALÈRE.

HARPAGON, *à Valère.*

Ici! viens confesser l'action la plus noire,
Le plus vil attentat dont on ait la mémoire!

VALÈRE.

Que voulez-vous, monsieur?

HARPAGON.

Ne dois-tu pas trembler?

VALÈRE.

Moi? de quel attentat voulez-vous donc parler?

HARPAGON.

De quel crime je veux parler, voleur infâme?
Prétends-tu qu'on l'ignore? Ah! c'est trop, sur mon [âme!
C'est en vain que tu veux me tromper jusqu'au [bout;
L'affaire est découverte, oui, pendard, je sais tout!
Comment! de ma bonté c'est ainsi qu'on abuse?

* Maitre Jacques, Harpagon, le Commissaire *assis devant une table.*

S'introduire chez moi tout exprès par la ruse,
Pour me jouer ce tour qui m'assomme et me perd!

VALÈRE.

Monsieur, puisqu'on vous a déjà tout découvert,
Je ne veux rien nier; vous allez tout connaître!

MAÎTRE JACQUES, *à part.*

Aurais-je deviné sans y penser?

HARPAGON.

Ah! traître!

VALÈRE.

C'était bien mon dessein d'en parler; seulement
J'attendais pour cela le plus juste moment.
Mais puisqu'il en est ainsi, monsieur, je vous con- [jure
D'entendre mes raisons sans vous fâcher.
(*Maître Jacques passe à côté du Commissaire.*) *

HARPAGON.

Parjure!
Voleur infâme! Eh bien! dis-les-nous tes raisons.

VALÈRE.

Ah! monsieur, je n'ai pas mérité tous ces noms.
S'il est vrai qu'envers vous j'ai commis une offense,
Ma faute est pardonnable et mérite indulgence.

HARPAGON.

Ta faute est pardonnable! un pareil guet-apens!

VALÈRE.

De grâce! calmez-vous, puisque je me repens.
Quand vous m'aurez ouï, vous verrez que mon [crime
Moins grand qu'il ne paraît n'a qu'un but légitime.

HARPAGON.

Moins grand qu'il ne paraît? Voyez-vous l'inno- [cent!
Mes entrailles, mon sang!

VALÈRE.

Hé! monsieur, votre sang
N'est pas tombé, je crois, dans des mains trop [indignes;
Bien qu'étranger chez vous, je porte tous les [signes
D'une bonne naissance : et j'ose déclarer
Que mes torts, envers vous, je les puis réparer.

HARPAGON.

Mais j'entends bien, pardieu, que tu me restitues
Ce que tu m'as ravi, scélérat qui me tues!

VALÈRE.

L'honneur, monsieur, sera pleinement satisfait.

HARPAGON.

Il est bien question de l'honneur, en effet!
Mais qui t'a conseillé cette indignité grande?

VALÈRE.

Me le demandez-vous?

HARPAGON.

Oui, je te le demande.

VALÈRE.

Un dieu qui porte en soi son excuse, l'amour.

HARPAGON.

L'amour?

VALÈRE.

Oui.

HARPAGON.

Bel amour, mon beau larron de-cour!
L'amour de mes écus!

VALÈRE.

Non, monsieur, vos richesses
Ne m'ont pas ébloui. Je n'ai point ces faiblesses;
Et je proteste ici de ne prétendre rien
A tout votre or, pourvu qu'on me laisse mon bien.

* Harpagon, Valère, maître Jacques, le Commissaire.

HARPAGON.
Non ferai, mécréant! non, de par tous les diables!
Mais voyez l'insolence! avec ces airs affables,
Prétendre à me voler jusqu'à mon dernier sol!
VALÈRE.
Vous l'appelez un vol?
HARPAGON.
Si je l'appelle un vol?
Un si riche trésor!
VALÈRE.
Le plus vrai, somme toute,
Et le plus précieux que vous ayez sans doute;
Mais ce ne sera pas, monsieur, sans vous blesser,
Le perdre tout entier que de me laisser.
Je demande à genoux ce trésor plein de charmes;
Ah! laissez-vous fléchir à mes vœux, à mes [larmes...
Il faut me l'accorder!
HARPAGON.
Non, je n'en ferai rien!
VALÈRE.
Laissez-moi l'épouser.
HARPAGON.
Qu'est-ce à dire, vaurien?
VALÈRE.
Nous nous sommes promis une foi mutuelle;
La mort, j'en fais serment, nous serait moins [cruelle!...
HARPAGOE.
La promesse est plaisante et parfait le serment!
VALÈRE.
Nous nous sommes liés l'un à l'autre!
HARPAGON.
Vraiment?
Je vous délirai bien tantôt, je vous assure.
VALÈRE.
Mieux vaut mourir tous deux que commettre un [parjure!
HARPAGON.
Ah! c'est être endiablé pour avoir mon trésor!
VALÈRE.
Je vous l'ai déjà dit, et le répète encor,
Ce cœur n'a point agi par des ressorts vulgaires;
Votre argent ne me tente et ne me séduit guères:
J'atteste devant Dieu qu'une autre ambition
A pu seule inspirer ma résolution!
HARPAGON.
Ah! vous verrez que c'est par charité chrétienne
Qu'il veut avoir mon bien! Mais qu'à cela ne tienne;
J'y donnerai bon ordre, et s'il me pousse à bout,
La justice, pendard! fera raison de tout.
VALÈRE.
Un père est toujours juge en pareille matière,
Je suis prêt à souffrir sa rigueur tout entière;
Mais je vous prie au moins, sans vouloir m'excuser,
De croire que c'est moi qu'il en faut accuser.
Votre fille en ceci n'est nullement coupable!
HARPAGON.
Je le crois bien, vraiment; il serait impayable
Que ma fille eût trempé dans ce lâche complot!
Mais rends-moi sur-le-champ mon affaire; ou plutôt
Confesse en quel endroit tu me l'as enlevée.
VALÈRE.
Elle est encor chez vous.
HARPAGON, *à part.*
Ma cassette est sauvée!
(Haut.)
Elle n'est point sortie encor de ma maison?
VALÈRE.
Non, monsieur!
HARPAGON, *à part.*
Et dis-moi... J'en perdrai la raison!
(Haut.)
Tu ne l'as point touchée?
VALÈRE.
Y toucher? moi? je l'aime!
Ah! vous lui faites tort aussi bien qu'à moi-même;
C'est du feu le plus pur, le plus respectueux,
Que pour elle a brûlé son amant vertueux.
HARPAGON, *à part.*
Brûlé pour ma cassette?
VALÈRE.
Oui, la mort la plus prompte
Plutôt qu'un seul regard qui la couvre de honte;
Mais elle est trop honnête et sage en ses désirs.
HARPAGON, *à part.*
Ma cassette, trop sage?
VALÈRE.
Enfin, tous mes plaisirs
Se sont bornés, vous dis-je, à jouir de sa vue,
Des attraits tout-puissants dont le ciel l'a pour-[vue;
Et rien de criminel n'a profané l'amour
Que ses beaux yeux n'ont fait qu'exalter chaque [jour.
HARPAGON, *à part.*
Quels beaux yeux! les beaux yeux de ma cas-[sette? Il jase
Comme d'une maîtresse un amant en extase!
VALÈRE.
Dame Claude, monsieur, connaît la vérité;
Elle peut témoigner avec sincérité...
HARPAGON.
Quoi? ma servante aussi, complice de l'affaire?
Écrivez, écrivez, monsieur le commissaire!
VALÈRE.
Sachant tous nos secrets, elle a plaidé pour moi,
Décidé votre fille à me donner sa foi.
HARPAGON, *à part.*
Est-ce que la stupeur lui tourne la cervelle?
(Haut.)
Que viens-tu nous brouiller d'une histoire nou-[velle...
VALÈRE.
Je dis, monsieur, je dis que toute mon ardeur
Fit à peine, à mes vœux, consentir sa pudeur.
HARPAGON.
Mais la pudeur de qui?
VALÈRE.
Celle de votre fille!
C'est seulement d'hier que, malgré sa famille,
Elle a pu se résoudre à signer un contrat.
HARPAGON.
Ma fille t'a signé... Tu mens, vil scélérat!
VALÈRE.
Oui; comme de ma part, dans un écrit sincère...
MAÎTRE JACQUES.
Écrivez tout, monsieur l'honnête commissaire!
HARPAGON.
Rengrégement de mal! surcroît de désespoir!
(Au commissaire.)
Allons vite, monsieur, faites votre devoir:
Dressez-lui son procès comme larron pendable
Et comme suborneur!
MAÎTRE JACQUES.
Mettez: deux fois coupable,
Suborneur et larron!
VALÈRE.
Non, monsieur, sur l'hon-[neur,
Je n'ai jamais été larron ni suborneur!

SCÈNE IV

LES MÊMES, FROSINE, MARIANE, ÉLISE.

HARPAGON, *à Élise.*

Ah ! fille scélérate ! ah ! perfide vipère !
C'est ainsi que tu suis les leçons de ton père ?
Tu vas prendre un infâme, un voleur pour amant,
Et lui donnes ta foi sans mon consentement ?
Mais vous serez trompés, sur l'honneur, l'un et [l'autre;
(*A Élise.*)
Quatre bons murs épais me répondront du vôtre :
(*A Valère.*)
Et pour toi, la potence, au seuil d'une prison,
De ton double attentat va me faire raison.

VALÈRE.

D'autres juges que vous porteront ma sentence.

HARPAGON.

Je me suis abusé de dire une potence ;
Tu seras roué vif !

ÉLISE, *aux genoux d'Harpagon.*

Nous sommes dans vos mains ;
Mon père, ayez pour nous des souhaits plus hu-[mains !
Laissez-moi vous fléchir, vous sauver de vous-[même,
Et n'allez point pousser les choses à l'extrême;
* Gardez-vous des transports, des conseils irritants
De votre passion, et donnez-vous le temps
De mieux considérer ce que vous voulez faire.
Prenez la peine, au moins, de connaître, ô mon [père,
Et de mieux voir celui dont vous vous offensez ;
Il est tout différent de ce que vous pensez !
Votre justice, alors, trouvera moins étrange
Que je me sois donnée à lui par un échange. *
Oui, mon père ; c'est lui qui vint me secourir
Dans ce péril suprême où j'ai failli mourir ;
Qui dès lors appartient de droit à la famille,
Puisqu'il vous rend l'amour de cette même fille
Dont...

HARPAGON.

Tout cela n'est rien ; il valait mieux pour moi
Qu'il te laissât noyer que d'extorquer ta foi !

ÉLISE.

Je tombe à vos genoux ! Grâce, je vous conjure,
Par l'amour paternel...

HARPAGON.

Non, non ! fille parjure !
Je ne veux rien entendre et ne veux rien savoir ;
Que la justice informe et fasse son devoir !
(*Élise se relève.*)

MAÎTRE JACQUES, *à part.*

Tu me paîras les coups dont la peau me démange!
Monsieur l'ex-intendant !

FROSINE, *à part.*

L'aventure est étrange !

SCÈNE V

LES MÊMES, ANSELME.

ANSELME.

Qu'est-ce, mon cher voisin ? Je vous vois tout ému!

HARPAGON.

Ah ! vous voyez un homme entièrement perdu,
Le plus infortuné, le plus dupé des pères ;
Et voici bien du trouble, hélas ! en nos affaires !
On m'assassine ici dans le bien, dans l'honneur ;
Et voilà devant vous un traître, un suborneur,
Qui s'avise d'entrer au sein de ma famille,
Pour tromper mon argent et pour voler ma fille !

VALÈRE.

Qui songe à votre argent? libre à vous d'en user

HARPAGON.

L'un à l'autre ils se sont promis de s'épouser.

ANSELME.

Votre argent?

HARPAGON.

Non ! ma fille ; et voilà son complice.
C'est donc vous qui devez les traduire en justice,
Et faire, à vos dépens, poursuivre le procès,
Pour nous venger tous deux de semblables excès !

ANSELME.

Je ne viens pas ici me faire aimer par force,
A deux cœurs enflammés imposer un divorce.
Quant à vos intérêts, si j'en vois les moyens,
Je les veux épouser, comme s'ils étaient miens.

HARPAGON, *montrant le commissaire.*

Ce monsieur à la plume, honnête commissaire,
A ce qu'il dit, fera pour moi le nécessaire,
Et sans rien oublier.
(*Au commissaire, en lui montrant Valère.*)
Chargez-le comme il faut ;
Prouvez-moi ce coquin digne de l'échafaud.

VALÈRE.

Je ne vois pas quel crime, ici, l'on peut me faire
De l'amour que m'inspire une beauté si chère :
A quel supplice on veut que je sois condamné.
Et lorsque l'on saura de quel sang je suis né...

HARPAGON.

J'aime mieux un manant qu'un voleur de fa-[mille.
Je hais ces imposteurs dont le monde fourmille,
Ces larrons de noblesse, et dont l'avidité
Voudrait tirer parti de leur hérédité ;
Insolemment vêtus de quelque nom illustre,
Créé par un grand homme, et flétri par un rustre!

VALÈRE.

Sachez que j'ai le cœur trop bon pour me parer
D'un nom que je ne puisse en tout lieu déclarer ;
Que tout Naples pourrait attester ma naissance !

ANSELME.

Tout beau ! Naple est pour moi pays de connais-[sance ;
Vous risquez en cela plus que vous ne pensez :
L'homme à qui vous tenez ces propos insensés
Peut aisément, monsieur, voir clair dans votre [histoire.

VALÈRE.

Si vous connaissez Naple, et je veux bien vous [croire,
Vous avez bien dû voir don Thomas d'Alburci.

ANSELME.

Peu de gens l'ont connu mieux que moi, Dieu merci!

HARPAGON.

De don Thomas ou don Martin je m'embarrasse
Autant que de cela !

ANSELME.

Laissez parler, de grâce ;
Nous verrons ce qu'il peut nous en dire à son tour.
(*Harpagon voyant deux chandelles allumées en souffle une.*)

VALÈRE.

Rien, sinon que c'est lui qui m'a donné le jour.

ANSELME.

Lui?

VALÈRE.

Lui!

ANSELME.

Vous vous moquez! cherchez quelque autre [histoire;
Le conte est trop hardi pour que je puisse y croire!

VALÈRE.

Songez à mieux parler. Ce que j'avance ici,
J'en puis justifier.

ANSELME.

Don Thomas d'Alburci
Serait donc votre père?

VALÈRE.

Oui; je puis en répondre
Contre qui que ce soit!

ANSELME.

Afin de vous confondre,
Apprenez que seize ans déjà sont écoulés
Depuis que don Thomas, l'homme dont vous par-
Périt sur mer, avec ses enfants et sa femme, [lez,
En voulant dérober leur vie au joug infâme,
Aux persécutions dont nous fûmes témoins,
Qui de Naple ont banni cent familles au moins.

VALÈRE.

Oui, mais sachez vous-même, historien véridi- [que,
Qu'un enfant de sept ans, avec un domestique,
Échappé du naufrage et jeté sur le sol,
Fut sauvé par le chef d'un navire espagnol,
Qui le fit élever à bord de son corsaire
Comme un fils, lui donnant tout le soin nécessaire;
Que les armes, depuis, furent son seul emploi,
Son plaisir fut la guerre, et l'honneur fut sa loi!
* Qu'il a su, depuis peu, que don Thomas, son père,
Vivant en Italie, était riche et prospère;
Que de passage ici, pour trouver son séjour,
Un hasard, concerté par le ciel et l'amour,
Offrit à ses regards la séduisante Élise;
Qu'à sa vue, aussitôt, son âme fut éprise;
Que la sévérité d'un père, j'en rougis,
Lui dicta le projet d'entrer dans son logis: *
Et que ce fils, perdu sous le nom de don Carle,
N'est autre, assurément, que celui qui vous parle.

ANSELME.

Avez-vous un témoin qui nous puisse attester
Ce que vous avez dit, à n'en pouvoir douter?

VALÈRE.

J'ai le chef espagnol, commandant la frégate,
Un cachet de rubis, un bracelet d'agate,
Que ma mère a porté, talisman protecteur!
Enfin le vieux Pedro, son ancien serviteur,
Mort depuis, de besoin, sur le pavé de Londre.

MARIANE.

Hélas! à vos discours je puis ici répondre
Que vous n'imposez point; et je vois clairement
Que vous êtes mon frère!

HARPAGON.

Elle est folle, vraiment!

VALÈRE.

Vous! ma sœur?

MARIANNE.

Dès l'instant que j'ai pu vous [entendre,
J'ai senti dans mon cœur l'amitié la plus tendre;
Et notre mère aussi, que vous allez charmer,
M'a bien parlé de vous: je puis donc vous aimer!
Le ciel ne nous fit point périr dans ce voyage,
Mais, en sauvant nos jours, nous donna l'escla- [vage.
D'une barque flottant au caprice des mers,
Des pirates d'Alger nous mirent dans les fers;
Après dix ans d'exil, ayant brisé nos chaînes,
Seules, ma mère et moi, nous passâmes par Gênes,
Pour aller recueillir un débris trop léger
Des biens que sa famille a daigné s'adjuger.
De là, fuyant le toit de ses parents avides,
Elle vint en ces lieux, souffrante, les mains [vides,
Pour y vivre avec moi, désormais sans espoir.

ANSELME.

O ciel! quels sont les traits de ton juste pouvoir!
Rien n'est désespéré lorsqu'en toi l'on espère!
Venez, mes chers enfants! embrassez votre père!

VALÈRE.

Vous êtes notre père?

ANSELME.

Et toi, ma fille aussi!

MARIANE, *à part, avec joie.*

Oh! ma mère!

ANSELME.

Je suis don Thomas d'Alburci,
Que le ciel garantit des forbans, du naufrage,
Avec tous les trésors sauvés par son courage;
* Qui, vous croyant tous morts depuis plus de seize [ans,
Accablé de soucis, de souvenirs pesants,
Voulait reconquérir l'espérance ravie,
Et dans un autre hymen, recommencer la vie. *
Le peu de sûreté que j'ai vu pour mes jours,
M'a fait à mon pays renoncer pour toujours;
Malgré ma parenté, dans une heure opportune,
J'ai trouvé le moyen d'y vendre ma fortune:
Et sous le nom d'Anselme, au malheur endurci,
J'ai pu faire oublier don Thomas d'Alburci.

HARPAGON.

C'est là votre fils?

ANSELME.

Oui!

HARPAGON.

Je vous prends sur parole,
Pour les dix mille écus que ce traître me vole.

ANSELME.

Lui, vous avoir volé!

HARPAGON.

Lui-même.

VALÈRE.

Qui le dit?

HARPAGON.

Maître Jacques.

VALÈRE.

C'est toi, gâte-sauce maudit?

MAÎTRE JACQUES.

Du tout! je ne dis rien!

HARPAGON.

Monsieur le commissaire
A reçu son rapport, et cet homme est sincère!

VALÈRE.

Moi capable, grand Dieu! d'un trait aussi mé- [chant?

HARPAGON.

Capable ou non coupable, il me faut mon argent!

SCÈNE VI

LES MÊMES, CLÉANTE.

CLÉANTE.

Ne vous tourmentez point, et n'accusez personne,
Mon père, que moi seul! Pourvu que l'on me
La main de Mariane, il est bien entendu [donne
Qu'aussitôt votre argent doit vous être rendu!

HARPAGON.

Où donc est-il?

CLÉANTE.

Il est... il est dans sa cassette!

HARPAGON.

N'en a-t-on rien ôté?

CLÉANTE.

Non, rien! je vous répète
Que tout dépend de moi; c'est vous en dire assez.
Mariane ou l'argent, l'un des deux, choisissez!

HARPAGON.

J'ai choisi..

CLÉANTE.

Quoi?

HARPAGON.

L'argent.

CLÉANTE.

Vous aurez la cassette.

HARPAGON.

Tout entière?

CLÉANTE.

Oui, monsieur! j'en réponds sur ma tête!

HARPAGON.

Ma bague!

MARIANE.

De grand cœur.

CLÉANTE.

Pour ce beau diamant
Vous voudrez joindre ici votre consentement
A celui de sa mère, avec pleine licence
D'opter entre nous deux en toute connaissance.

MARIANE.

Mais vous ne savez pas que ce n'est point assez
De ce consentement que vous nous annoncez;
Et qu'il faut m'obtenir de la main de mon frère,
(*Montrant Valère*) (*Montrant Anselme.*)
Car avec lui, le ciel vient de me rendre un père!

ANSELME.

Oui, le ciel, mes enfants, ne me redonne à vous
Qu'afin de vous bénir comme deux bons époux.
(*A Harpagon.*)
Seigneur, vous jugez bien que ce choix qu'il es-
Tombera sur le fils plutôt que sur le père; [père,
Ne vous faites point dire un mot toujours blessant,
Consentez à leurs vœux, quand leur père y con-
[sent.

HARPAGON.

Pour me donner conseil, je veux voir ma cassette!

CLÉANTE.

Vous la verrez tantôt, saine, intacte et complète.

HARPAGON.

Mais je n'ai pas d'argent à leur donner en dot.

ANSELME.

Hé bien! j'en ai pour eux!

MARIANE.

Mon père!

HARPAGON.

Encore un mot;
Vous obligerez-vous, selon les bons usages,
A faire tous les frais de ces deux mariages?

ANSELME.

Oui! je m'oblige à tout. Êtes-vous satisfait?

HARPAGON.

Il me faut pour la noce un vêtement bien fait.

ANSELME.

Je vous l'accorde. Allons jouir de l'allégresse
Que le ciel nous présente en ce jour plein d'i-
[vresse!

LE COMMISSAIRE, *se levant et s'approchant.*

Holà! messieurs, holà! Doucement, s'il vous plaît!
Qui me paira ceci?
(*Montrant ses écritures.*)

HARPAGON.

Je suis votre valet,
Vous trouverez ailleurs quelques bonnes cap-
[tures;
Mais nous n'avons que faire avec vos écritures.

LE COMMISSAIRE.

Nous, les hommes de loi, ne faisons rien pour
[rien!

HARPAGON, *montrant maître Jacques.*

Hé bien, pour vous payer, pendez-moi ce vaurien!

MAÎTRE JACQUES, *à part.*

J'ai menti, l'on me pend; j'ai dit vrai, l'on m'as-
[somme.
Scélérat de métier que celui d'honnête homme!

ANSELME.

C'est un bon domestique, il a droit au pardon!

HARPAGON, *montrant le commissaire.*

Vous paîrez donc, monsieur?

ANSELME.

Oui, seigneur Harpagon.

HARPAGON.

A la bonne heure!

ANSELME, *à ses enfants.*

Allons faire part de la fête
A votre mère.

HARPAGON.

Et moi, voir ma chère cassette!

Maître Jacques, Frosine, Elise, Mariane, Cléante, Harpagon, le Commissaire, Anselme, Valère.

FIN

4—130 Paris. — Typ. Morris père et fils, rue Amelot, 64.

Du temps de *l'Avare*, on daignait à peine écouter une comédie en prose; de nos jours, c'est tout le contraire. Voici ce que nous lisons dans *la Vie de Molière* par Grimarest :

«..... Cependant, il ne saisissait pas toujours le public d'abord; il l'éprouva dans son *Avare*. La prose dérouta les spectateurs. « Comment! disait M. le duc de ***, Molière est-il fou, et nous » prend-il pour des benêts, de nous faire essuyer cinq actes en prose? et a-t-on jamais vu plus » d'extravagance? Le moyen d'être diverti par la prose!... » Ah! monsieur le duc! si vous reveniez voir notre pauvre théâtre d'aujourd'hui, comme vous vous trouveriez surpris, dépaysé, scandalisé! comme vous seriez révolté des tendances ultra-réalistes du répertoire moderne!

« Mais Molière, ajoute le biographe, fut bien vengé de ce public injuste et ignorant, quelques années après; il donna son *Avare* pour la seconde fois, le 9 septembre 1668 : on y courut en foule, et il fut joué presque toute l'année, etc. » Tant il est vrai qu'un chef-d'œuvre finit toujours par être un chef-d'œuvre, en vers, en prose, dans tel pays et sous telle forme que ce soit. Mais le vers est, selon moi, l'ornement le plus naturel de la comédie; il rend la pensée plus solide, plus brillante; il la cristallise en quelque sorte, en lui donnant l'éclat d'une pierre fine. Souvent d'une phrase vulgaire, mais vraie, il fait un excellent proverbe, un dicton facile à retenir et qui devient monnaie courante à l'usage de tous. C'est ce que pensaient déjà, très probablement, Aristophane, Plaute, Térence, Caldéron, Shakspeare, etc.; c'est aussi l'avis de Jules Janin, l'enfant gâté de ces grands hommes (1). La prose de MM. tels et tels, nos grands faiseurs d'à présent, n'est pas, certes, de nature à changer ma conviction fondée sur de pareils exemples.

Molière lui-même avait le dessein de transcrire en vers *l'Avare* et *le Festin de pierre*; le temps seul lui a manqué pour compléter ce travail : les écrits de Voltaire, de Cailhava, de Taschereau, ne laissent aucun doute à ce sujet. Voltaire dit quelque part : « Molière avait écrit son *Avare* en prose, pour le mettre ensuite en vers; mais il parut si bon, que les comédiens *voulurent* le jouer tel qu'il était, et que personne n'osa depuis y toucher. Dans les grandes pièces remplies de portraits, de maximes, de récits, et dont les personnages ont des caractères fortement dessinés, tels que *le Misanthrope*, *le Tartuffe*, *l'École des Femmes*, celle des *Maris*, *les Femmes savantes*, *le Joueur*, etc., etc., les vers me paraissent absolument nécessaires; et j'ai toujours été de l'avis de Michel Montaigne (*Essais*), qui dit que : « La sentence, pressée aux pieds nombreux de la poésie, » s'eslance bien plus brusquement, et me fiert d'une plus vifve secousse (2). » On a peine à s'expliquer comment l'auteur du *Misanthrope* a trouvé les loisirs nécessaires pour achever trente chefs-d'œuvre, entre ses fonctions de directeur, d'acteur, de répétiteur (comme dans *l'Impromptu de Versailles*), de véritable Maître-Jacques de son théâtre; sans compter celles de valet de chambre du roi et de mari d'une coquette. Dix existences auraient à peine suffi à cette tâche immense, où la sienne s'est enfin brisée de fatigue, d'épuisement, presque de désespoir; comme celle du divin Raphaël, de Mozart, de Byron, de Donizetti... et de bien d'autres encore.

En versifiant *l'Avare*, je n'ai fait que ce qu'il aurait fait lui-même s'il avait assez vécu pour accomplir son œuvre; ce que Thomas Corneille a fait pour *le Festin de Pierre*, sur la recommandation formelle de son auteur. Mais n'ayant pas la prétention d'être le frère d'un grand homme, je me suis bien gardé d'*adoucir* certaines expressions, de modifier ou de retrancher quelques passages. J'ai littéralement extrait de la prose de Molière plus de trois cents vers, sans y changer une seule syllabe; dans les intervalles, j'ai cherché à reproduire le plus exactement possible son style, sa manière, et jusqu'aux singularités de son dialogue. Si j'ai réussi, je le dois à l'étude approfondie du premier des poëtes français; dans tous les cas, c'est un hommage de plus que j'ai voulu rendre à son génie.

(1) Voyez le *Journal des Débats*, 11 juillet 1853, Reprise de *Don Juan*; et *Cours de littérature*.
(2) *Dictionnaire philosophique*, article *Comédie*, édition Beuchot, tome XXVII, page 101.

PIÈCES A QUATRE PERSONNAGES (*Suite.*)

	Hom.	Fem.
La Flâneuse, vaud.	2	2
La Folie de Waterloo, dr.-v.	2	2
L'Île de Calypso, opé. bouf.	3	1
L'Île de Robinson, vaudeville.	2	2
Il était temps, vaud.	3	1
La Jarretière rose, vaud., 2 a.	3	1
La Journée aux échéances v.	3	1
La Laitière et les deux Chasseurs, vaud.	4	»
Les Leçons de Betzy, vaud.	2	2
Le Loup-garou, vaud.	3	1
Mademoiselle Pénélope, op. c.	3	1
Mademoiselle Sylvia, opé. com.	2	2
Le Mari de la fauvette, vaud.	2	2
La Marquise, opé. com.	2	2
Mémoires de deux jeunes mariées, com.-vaud.	3	1
Miel et vinaigre, vaud.	2	2
Mistress Siddon, com. 2 act.	2	2
Modiste et modeste, vaud.	3	1
Mon Gendre, com.-vaud.	2	2
Monsieur Lafleur, com.-vaud.	2	2
Monsieur Simon, vaud.	2	2
Œil et nez, vaud.	3	1
Oui ou non, com.-vaud.	3	1
La Partie de piquet, com.-v.	3	1
La Perruche, op.-comi.	2	2
La Peur du mal, com.	3	1
Les Pieds de Damoclès, vaud.	2	2
Le Prima Donna, com.	2	2
Le Prince Toto, vaud.	2	2
Sarah, opéra comique	3	1
La tentation d'Antoine, opéret.	2	2
Tiridate, com.-vaud.	2	2
Un Caprice de femme, op.-c.	2	2
Une Chaise pour deux, vaud.	3	1
Une Discrétion, comédie, 2 a.	2	2
Une Femme qui mord, vaud.	3	1
Une Voix du ciel, comédie	2	2
Un Souflet, com.-vaud.	2	2
Un Troisième larron, c.-v.	2	2
Les Vapeurs de la Marquise, comédie-vaudeville.	2	2
Le Vicomte Giroflée, com.-v.	2	2

PIÈCES A CINQ PERSONNAGES.

	Hom.	Fem.
Les absents ont raison, c., 2 a.	4	1
Action, opéra comique	2	3
Adrienne, comédie, 1 acte.	3	2
Ah! que les plaisirs sont doux, vaudeville.	3	2
L'Amour à l'aveuglette, vaud.	2	3
L'Amour en commandite, c.-v.	3	2
Ange et Démon, vaud.	3	2
L'Angelus, opéra comique.	3	2
Les Anglais en voyage, vaud.	4	1
Arsène et Camille, vaud.	2	3
L'Article 960, com.-vaud.	4	1
L'Auberge de Chantilly, vaud.	3	2
Au bord de l'abîme, com.-vaud.	3	2
L'Aveugle et son bâton, vaud.	3	2
La belle Françoise, vaud.	3	2
Le bonheur chez soi, comédie.	2	3
Le bonheur sous la main, comédie-vaudeville.	3	2
Le Bouquet de violettes, vaud.	2	3
Le Cachemire vert, com.	3	2
Le Capitaine Roland, com.-v.	3	2
Les Caravanes d'Ulysse, v., 2 a.	3	2
Carline, opéra comique, 3 act.	2	3
Catherine, com.-vaud.	3	2
Ce bon roi Dagobert, opérette bouffe	3	2
C'était un rêve, vaud.	3	2
Le Châle bleu, comédie, 2 act.	3	2
Le Chamboran, com.	4	1
Cicily, com.-vaud.	2	3
La Comédie à Ferney, com.	4	1
La Consigne, comédie.	3	2
Contre fortune bon cœur, c.-v.	3	2
Le Corrégidor de Pampelune, c.	4	1
La Croix d'or, comédie, 2 actes	3	2
La Dame de Framboisy, vaud.	3	2
La Dame d'honneur, op. c.	3	2
La Dame du second, c.-v.	3	2
La Demoiselle majeure, c.-v.	3	2
Le Dérivatif, comédie.	4	1
Les deux Coupables, com.-v.	2	3
Deux de moins, com.-vaud.	3	2
Les deux Divorces, com.-vaud.	3	2
Les deux Gentilshommes, op. c.	3	2
Les deux Marguerites, vaud.	3	2
Les deux Sœurs, comédie	3	2
Dieu vous bénisse, com.-v.	3	2
La Diligence de Brives-la-Gaillarde, folie.	5	»
Les Dragons de la reine, com.	2	3
L'Ecole d'un fat, comédie.	3	2
Elvire, ou le Collier d'or, drame, 3 actes.	3	2
L'Embuscade, com.-vaud.	3	2
En attendant, com.-vaud.	2	3
Estelle, ou le Père et la fille, com.-vaud.	4	1
Etre aimé ou mourir, com.-v.	3	2
Eudoxie, comédie.	4	1
L'Eventail de Géraldine, c.-v.	3	2
Faute de s'entendre, com.	4	1
La Femme de l'épicier, c.-v.	4	1
La Femme de ménage, vaud.	2	3
La Femme électrique, vaud.	3	2
La Femme qui se venge, c.-v.	3	2
La Femme qu'on n'aime plus, com.-vaud.	3	2
Fich-ton-Khan, parade chinoise	4	1
Le Fils d'un agent de change, com.-vaud.	3	2
Les Fils Gavet, vaud.	4	1
Le fin mot, com.-vaud.	3	2
Francine la gantière, com.	3	2

Paris. — Typ. Morris Père et Fils, rue Amelot, 64.

www.ingramcontent.com/pod-product-compliance
Lightning Source LLC
LaVergne TN
LVHW020307230826
846091LV00006B/2577